AF236601

Alexander Janke

Altersvorsorge mit ETFs

Einfach einsteigen
in 10 Schritten

Bibliografische Information der Deutschen Nationalbibliothek: Die Deutsche Nationalbibliothek verzeichnet diese Publikation in der Deutschen Nationalbibliografie; detaillierte bibliografische Daten sind im Internet über dnb.dnb.de abrufbar.

© 2021 Alexander Janke
Herstellung und Verlag: BoD – Books on Demand, Norderstedt

ISBN: 978 375 430 549 2

Inhalt

Altersvorsorge – ein notwendiges, aber kleines Übel

Dieses Buch richtet sich an Menschen, die langfristig Vermögen aufbauen wollen, zum Beispiel für die Zeit der Rente, ohne sich brennend dafür zu interessieren. Mit vertretbarem geistigem und zeitlichem Aufwand eine vernünftige, nachvollziehbare und die meisten Anleger übertrumpfende ETF-Geldanlage zu finden und zu pflegen, dabei möchte ich unterstützen. Ich will es möglichst einfach halten, denn Altersvorsorge ist für die meisten Menschen ein unangenehmes Pflichtprogramm und kein abendfüllendes Hobby. Viele persönliche Gespräche und Beobachtungen bringen mich zu der Einsicht, dass fast niemand bereit ist, dickleibige Finanzratgeber zu lesen: zu viel Umfang und zu wenig konkrete Anleitung. Darauf antworte ich mit diesem schmalen Werk. Stark komprimiert enthält es alles, was man mindestens wissen muss, um fundiert und erfolgreich zu investieren. Das Wie des Investierens ist tatsächlich relativ leicht. Um zu verstehen, was man da genau tut und warum man es so tut und nicht anders, braucht es mehr Kenntnisse. Das Wie, das Was und das Warum bereite ich als echte Schritt-für-Schritt-Anleitung auf: chronologisch und pragmatisch.

Dem ausführlich beschriebenen eigentlichen Investitionsvorgang – passende ETFs wählen, kaufen und wieder in die richtige Gewichtung bringen – lagere ich Schritte vor, die notwendig sind, um mit dem eigenen ETF-Portfolio dauerhaft glücklich zu sein. Diese betreffen private Finanzen allgemein, die eigene Risikotragfähigkeit, ein klares, ausreichendes Verständnis der richtigen Investmentstrategie und des Anlagevehikels ETF selbst. Nach dem Aufbau und dem jahrzehntelangen Betrieb eines ETF-Portfolios will der Anleger sein Vermögen meistens verbrauchen, was ich anschließend ebenfalls behandele. Am Ende empfehle ich dann gute Informationsquellen zur Ausweitung der eigenen Kompetenz. Jetzt starten wir aber mit einem Satz, der für sehr viele Deutsche gilt: „Ich hab da schon was, wo ich monatlich einzahle."

Ja, irgendetwas hat man da. Zu den meisten wichtigen Dingen des Lebens können wir uns aufraffen, manche entwickeln sogar Interesse, auch Freude kommt vor: Beruf, Gesundheit, Familie und viele mehr. Mit den Finanzen ist das anders. Geldangelegenheiten sind langweilig, lästig, etwas peinlich, ja fast intim, sodass wir sie heimlich im Verborgenen und mit spitzen Fingern möglichst schnell absolvieren. Was wären wir auch für komische Wesen, wenn wir Leidenschaft für den Mammon empfänden und unter einem gelungenen Leben vor allem die Maximierung des eigenen (Human-)Kapitals verstünden! Jeder weiß natürlich: Mit Geld ist es besser als ohne, in erschreckend vielen Hinsichten, direkt wie indirekt. Eine liebevolle Beziehung zum Zahlungsmittel mit ausgewogener Distanz und Nähe scheint philosophisch geraten. Kümmerst du dich zu viel um dein Geld, wird dir die Welt eines Tages zur Ware und Investition. Kümmerst du dich zu wenig, fühlt es sich vernachlässigt und läuft davon. Letzteres ist das, was uns häufiger passiert. Wir wollen zum Beispiel die private Altersvorsorge, nach langem Verdrängen, flott hinter uns bringen, schließen in einem einstündigen Gespräch etwas ab, genießen kurz das Gefühl, das Thema erledigt zu haben, und befassen uns nicht mehr damit. Wird schon richtig gewesen sein, Millionen machen es genauso, der Staat unterstützt es, und woher soll man es auch besser wissen? Niemand hat uns je etwas substanziell Nützliches über Vermögensbildung beigebracht. Deshalb stehen wir vor einem scheinbar undurchdringlichen, mythenumrankten Geflecht, schämen uns für unsere Unwissenheit und Hilflosigkeit, kommen uns etwas dumm vor und gleichen das mit ignorantem Vertrauen aus, um die Verantwortung an den netten „Berater" abzutreten und uns hinterher einzureden, dass es keine bessere Chance gab, wir wirklich alles verstanden sowie das nötige Wissen hatten und es jetzt eben ist, wie es ist. Und wenn wir die Geldentwertung (Inflation) ignorieren, schaut's eines fernen Tages manchmal sogar wie echte Rendite aus. Übersehen wir dann noch, was im selben Zeitraum problemlos möglich gewesen wäre, erweckt diese Rendite sogar einen ganz ordentlichen Eindruck. Zehn oder zwanzig Jahre nach Vertragsabschluss ahnen jedoch die Ehrlicheren von uns, dass es arg vertrauensselig war, weitgehend kenntnisfrei einen interessenkonfliktbehafteten Finanzprodukteverkäufer aufzusuchen und dort eine angemessene Beratung zu erwarten, noch dazu kostenlos. Da kann man dem Verkäufer kaum einen Vorwurf machen, sondern der Politik, die bei solch wichtigen, informationsasymmetrischen Gütern nicht besser reguliert. Das sind solche, über die die Verkäuferseite uneinholbar mehr weiß als die Käuferseite und bei denen die großen Probleme sich erst Jahre nach der Vertragsunterzeichnung zeigen, wenn es zu spät ist. Letztlich siegt die Erkenntnis, dass wir Tausende Euro als unnötige Gebühren bezahlt haben und uns noch mehr Geld entgangen ist und entgehen wird, weil wir ein renditeschwaches, überverpacktes, intransparentes, unflexibles und viel zu teures Produkt kauften, das wir eigentlich eben nicht verstanden haben. Gehe ruhig davon aus: Mit uns als Mittelschichtlern kann niemand aus der Finanzindustrie bei Vermögensbildungsprodukten Geld verdienen, wenn er uns stundenlang kostenlos richtig berät. Die für uns guten, günstigen, transparenten und flexiblen Produkte bietet man uns nicht an und wird man versuchen, uns auszureden, weil sie sich für den von Provisionen lebenden oder aus Angst vor Jobverlust unter Vertriebsdruck stehenden Verkäufer nicht so sehr lohnen wie die schlechten. Unsere Kosten sind seine Einnahmen. Die will er steigern. Je höher die Kosten, desto geringer die Rendite. Bei Finanzprodukten gilt der Grundsatz „Qualität hat ihren Preis" sehr eindeutig nicht. Es ist fast immer umgekehrt: Je teurer, desto schlechter für dich. Kostenloses Investieren gibt es nicht. Aber sehr günstiges, das auch aus anderen Gründen stark ist.

Was ich hier sage, gilt ebenso für den kleinen Millionär von nebenan. Er glaubt vielleicht, dass er aufgrund seiner herausgehobenen gesellschaftlichen Stellung eine Sonderbehandlung erfährt und Zugang bekommt zu den echt heißen Sachen. Richtig heiß sind beim so genannten Private Banking aber nur die Kosten, die seine Rendite empfindlich schmälern. Um die Investitionsmöglichkeiten, die ausschließlich ihm als einem sehr wohlhabenden Menschen offen stehen, muss ihn kein Kleinsparer beneiden. Das betrifft vor allem die Beteiligung an nicht-börsengehandelten Unternehmen – so genanntes Private Equity mit der hippen Unterkategorie Venture Capital, also sehr risikoreiche Startups – oder die Anlage in Hedgefonds, die am Wertpapiermarkt Hochrisikogeschäfte tätigen dürfen und nur sehr lasch reguliert sind. Rendite und Risiko sind hier oft enttäuschend. Ob Mittelschicht oder Millionär: Interessenkonflikte der Finanzberatung und Vermögensverwaltung schaden sehr stark.

Ein Weg durch den Dschungel der Anlageprodukte

Fangen wir an, etwas aufzuräumen, um einen Überblick zu gewinnen. Zur Bewertung von Finanzprodukten empfiehlt sich pragmatisch die Unterscheidung zwischen Inhalt und Verpackung. Inhalt ist das, worin letztlich investiert wird. Verpackung bildet den vertraglichen Rahmen, in dem das geschieht.

Für den normalen Privatanleger kommen als Inhalt im Wesentlichen nur drei Anlageklassen näher in Betracht:

- Aktien börsennotierter Unternehmen

- Zinstragende: Bankguthaben, Anleihen

- Immobilien zur Selbstnutzung oder Vermietung

Diese Inhalte wollen zunächst tief verstanden sein, bevor man in sie investiert. Dazu leistet dieses Buch einen Beitrag, jedoch keinen erschöpfenden. Über die Aktienbörse und Aktien-ETFs allerdings wirst du hinterher sehr viel wissen. Die drei Inhalte können prinzipiell direkt gekauft werden, was mal mehr und mal weniger sinnvoll ist. Die Finanzindustrie umhüllt diese Inhalte außerdem mit verschiedenen Verpackungen, gerne auch mehrfach, und vertreibt sie als Produkte. Ich halte lediglich die dünne Verpackung eines ETF für nützlich. Alle anderen, viel dickeren Verpackungen, etwa der Versicherungsmantel, auch wenn er ETFs beinhaltet, verursachen fast immer drei Nachteile, denen keine adäquaten Vorteile gegenüberstehen:

1. Mehr Kosten

2. Mehr Risiko

3. Weniger Transparenz

Eine geringere Transparenz sorgt dafür, dass man in den ohnehin erschlagenden Vertragsunterlagen nicht mehr durchblickt und sich die hohen Kosten und Risiken verstecken lassen. Das ist der Zusammenhang der drei Punkte. Das gilt besonders bei doppelter Verpackung – der Anleger kauft Fondsanteile im Versicherungsmantel – und wenn mehrere Versicherungsmäntel als Kombiprodukte aneinandergenäht werden, etwa Vermögensbildung mit Berufsunfähigkeit, mit Todesfallschutz, mit lebenslangen Rentenzahlungen, … Das Vernähen schafft zudem oft unangenehme Abhängigkeiten: Man kann dann nicht mehr das eine loswerden, ohne das andere zu verlieren.

Typischerweise werden überverpackte, unnötig renditeschwache und risikoreiche Finanzprodukte mit folgenden Schlüsselargumenten verkauft: sichere Planung bis zum Lebensende, Steuerersparnisse, staatliche Förderungen. Du solltest nicht zu den Anlegern gehören, die sich bei der Nennung dieser Reizwörter nicht mehr bremsen können und hirnabgeschaltet sofort zugreifen. Und wenn du darüber hinaus prinzipiell davon ausgehst, dass du ein bestimmtes Produkt mit Sicherheit noch nicht ausreichend verstanden hast, bist du auf einem guten Weg.

Verpackung und Inhalt mit der geistigen Machete sauber zu trennen, ist der erste zentrale Schlag, um das Dickicht der Finanzprodukte zu lichten, einen freien Blick zu bekommen und sich einen Weg zu bahnen. Das lohnt sich. Zwischen einer schlechten und einer guten Geldanlage können für einen Haushalt nach 35 Jahren Laufzeit schnell sechsstellige Beträge liegen. Weit über einhunderttausend Euro. Bei ambitionierten Sparern mit über dem Median liegendem Einkommen reden wir problemlos über mehrere Hunderttausend. Ein bisschen lesen, denken und disziplinieren und du wirst mit großer Wahrscheinlichkeit erheblich wohlhabender. Um eine gute Geldanlage zu finden und zu pflegen, reichen wenig Verstand, wenig Wissen und wenig Zeit. Na gut: Am Anfang musst du schon einiges verstehen. Unumwunden gesprochen: trockenes Zeug. Doch danach geht es leicht von der Hand, sofern du die richtige Haltung zeigst.

Viele Dinge, die ich in diesem Buch, teilweise nebenbei, festlege, werden in der Finanzcommunity intensiv diskutiert. Ich halte die Ergebnisse dieser Diskussionen häufig bestenfalls für eine Feinoptimierung, die ein Portfolio nicht wesentlich verbessert, aber den mäßig interessierten Anfänger mit Komplexität und Entscheidungspflichten überfordert. Die Gefahr, dass er dann gar nicht erst beginnt, sondern kapituliert, ist groß. In meinem persönlichen Umfeld erlebe ich das. Deshalb ist Vereinfachung ohne Simplifizierung mein Ziel, sodass Anleger:innen in der Breite eine ordentliche Altersvorsorge aufbauen können, ohne Experten werden zu müssen. Das Schöne am richtigen Investieren ist nämlich: Wenn man ein paar grundsätzliche, sehr einfache Dinge macht und vieles ignoriert, kommt es auf komplizierte Einzelheiten nicht mehr an.

Basis für eine gute Geldanlage: Wissenschaft. Und sonst nichts

Wir leben in einer Welt, die wir prinzipiell weder ganz verstehen noch zuverlässig vorhersagen können. Die Zukunft ist uns allem Anschein nach unbekannt, trotzdem müssen wir heute Entscheidungen fällen, die unsere weit entfernte persönliche Zukunft betreffen. Uns bleibt nur, die Wahrscheinlichkeit des Gelingens mithilfe bisheriger Erkenntnisse zu erhöhen und – zu hoffen. Je weniger Hoffnungen wir aber brauchen und je unspezifischer sie sein dürfen, um diese Entscheidungen zu begründen, desto robuster und damit erfolgversprechender sind unsere Taten. Um gute Anlageentscheidungen zu treffen, sollten wir auf möglichst viele wissenschaftliche Analysen von weit in die Vergangenheit reichenden globalen Daten zurückgreifen sowie wissenschaftlich basierte sachlogische Erklärungen akzeptieren. Was wissenschaftliche Standards nicht erfüllt, sollte ignoriert werden. Damit siebt man schätzungsweise 99 % dessen aus, was täglich über Finanzen und Geldanlage aus allen Kanälen plärrt. Derzeit liegen Daten zum weltweiten Aktienmarkt für etwa 120 Jahre vor. Das ist zwar noch nicht optimal, aber viel besser als nichts.

Seit den 1960er Jahren bringt die unabhängige Kapitalmarktforschung erstaunliche Ergebnisse hervor, die allerdings kaum ein Anleger anwendet. Sie zeigen: Das, was wir intuitiv mit der Geldanlage verbinden, ist kontraproduktiv. Erfolgreiche Geldanlage ist in der Umsetzung wirklich simpel. Sie hat viel damit zu tun, möglichst wenig zu tun, aber das Richtige. Für sie hat sich die Bezeichnung „passives Investieren" in ein „Weltportfolio" durchgesetzt. „Passiv" bedeutet vor allem: Man muss viel weniger tun als

„aktive" Anleger und übertrifft sie genau deshalb in den meisten Fällen, und zwar deutlich. Das Buch stellt dieses Konzept vor. Dabei ist es kein wissenschaftliches Werk. Wer meine Quellen studieren möchte, findet sie aufgelistet in den Lektüre-Empfehlungen in Schritt 10, aus denen ich, neben eigener Erfahrung und persönlichen Gesprächen, wesentliche Teile meines Investmentwissens beziehe, um sie in diesem Buch als komprimierte, praxisnahe Schritt-für-Schritt-Anleitung aufzubereiten. In der dort genannten Literatur wiederum finden sich die Hinweise auf die wissenschaftlichen Originalquellen.

Wer bin ich eigentlich?

Mit 11 Jahren kaufte ich meine erste Aktie als Tranche in einem Portfolio meines Onkels. Mit 12 oder 13 bekam ich mein eigenes Depot. Bis zum 16. Lebensjahr kaufte und verkaufte ich so munter wie wirr vorwiegend Aktien aus dem DAX, MDAX und dem Neuen Markt (die Älteren erinnern sich mit vermutlich gemischten Gefühlen), vereinzelt Indexzertifikate und Pennystocks. Letztere sind Aktien, die nach einem brachialen Absturz im Cent-Bereich notieren und jeden Tag krasse Kursveränderungen in beide Richtungen aufweisen. Parallel: intensive Lektüre diverser Investment-Bücher. Danach lange Abstinenz. Wiedereinstieg, zunächst in Form von privater Weiterbildung, diesmal jedoch mit anders gelagerter Finanzliteratur: Wechsel vom aktiven Investieren ins passive Lager. Seitdem überzeugter Buy-and-Hold-ETF-Weltportfolio-Anhänger für die bequeme, einfache und langfristige Geldanlage. Keine Angst: Das klingt komplizierter, als es ist, und was sich dahinter verbirgt, wird im Buch erklärt.

Wirkung von Inflation, Kosten und Steuern auf die Rendite

Im Folgenden wird es immer wieder um Renditen gehen, das heißt um Erträge von Geldanlagen. Privatanleger können unter anderem auch deshalb so leicht mit Unsinnsprodukten geködert werden, weil sie von in Aussicht gestellten Renditen nicht die Inflation (Geldentwertung) subtrahieren. Das muss man aber tun. Renditen, von denen die Inflation nicht abgezogen wurde, nennt man „nominal", nach Abzug der Inflation spricht man von „real". Nominale Renditen sind das, was du auf deinen Kontoauszügen und anderen Dokumenten siehst. Reale sind die Wahrheit dahinter, die dich wirklich interessieren sollte. Zusätzlich müssen sämtliche Kosten und Steuern abgerechnet werden, um eine gute Renditeaussage zu bekommen, nämlich eine reale Nettorendite. Nur die zählt. Denn Kosten und Steuern fließen vom Anleger weg, und der Teil der Rendite, der lediglich die Geldentwertung ausgleicht, sorgt für Kaufkrafterhalt. Erst darüber hinaus ist es eine echte, eben „reale" Rendite, die die Kaufkraft steigert.

Ein kleines Rechenbeispiel:

   3 % Nominalrendite auf das eingesetzte Vermögen
- 0,5 % Kosten auf das eingesetzte Vermögen
- 0,7 Prozentpunkte Steuern auf die Rendite nach Kosten
= 1,8 % nominale Nettorendite

   1,8 % nominale Nettorendite auf das eingesetzte Vermögen
- 2,5 % Inflation auf das eingesetzte Vermögen
= - 0,7 % reale Nettorendite

Die reale Nettorendite ist negativ, der Anleger hat also Kaufkraft verloren, obwohl seine nominale Rendite positiv war. Mit einer solchen Investition spart er sich langfristig arm, optisch aber nimmt sein Vermögen zu, weil die Geldbeträge steigen. Generell gilt übrigens, was dieses Beispiel auch zeigt: Ist eine Geldanlage vor Steuern ein Penner, wird sie mit Steuerersparnissen in der Regel nicht zum Renner. Steuererleichterungen sind zu teuer erkauft, wenn der Preis eine winzige Rendite ist. Außerdem ist

Steuergestaltung von den Launen der Politik abhängig, was natürlich letztlich für jede Geldanlage gilt. Sie sollte daher nicht der wichtigste oder gar allein ausschlaggebende Faktor bei Investmententscheidungen sein, obwohl die Steuer die Rendite natürlich stark mitbestimmt.

Zur Verdeutlichung von Inflation: Wer heute 100 Euro verkonsumiert, muss in einem Jahr mit 2 % Inflation schon 102 Euro aufbringen, um dieselbe Menge an Gütern und Dienstleistungen zu bekommen. Die heutigen 100 Euro sind ein Jahr später weniger wert, obwohl es auf dem Papier – Geldschein oder Kontoauszug – immer noch 100 Euro sind. Das läppert sich mit der Zeit. Bei 2 % Inflation pro Jahr, historisch eine durchaus realistische Höhe für Deutschland, eher wohl zu wenig, halbiert sich die Kaufkraft nach 35 Jahren. In 35 Jahren benötige ich also für die Produktmenge, die ich mit heutigen 100 Euro bekomme, schon 200 Euro. Bei 3 % Inflation geschieht die Entwertung auf die Hälfte der Kaufkraft bereits nach gut 23 Jahren. Wenn wir also grob davon ausgehen, dass sich in Deutschland alle rund 30 Jahre die Kaufkraft unseres Geldes halbiert, haben wir einen realistischen Schätzwert fürs Gedächtnis. Diesen Verlust muss man mit Rendite nach Abzug aller Kosten und Steuern ausgleichen, um nicht ärmer zu werden. Reicher wird man nur, wenn die erzielte Rendite nach Kosten und Steuern höher ist als die Inflation. Neben anderen Fehlern sorgt das Ausblenden der Inflation dafür, dass die meisten beliebten Geldanlagen ihre Beliebtheit nicht einbüßen, obwohl sie nichts oder wenig taugen, und attraktive Anlagemöglichkeiten gar nicht beziehungsweise an der falschen Stelle gesucht werden. Ich würde mich deshalb freuen, wenn ich dich ermuntern kann, dich näher mit der Geldanlage in Aktien-ETFs zu befassen.

Ich beginne jedoch bei einer Frage, die für viele Menschen zentral ist und deren Beantwortung den weiteren Weg meines Erachtens grundlegend bestimmt.

Schritt 0

Du willst in den nächsten 15 Jahren ein kreditfinanziertes Eigenheim? Finger weg von Aktien!

Gleich zu Beginn gabelt sich der Weg und verlangt vom Reisenden eine Entscheidung: In den nächsten 15 Jahren Richtung Börse oder Richtung kreditfinanziertes Wohneigentum zur Selbstnutzung? In Aktien-ETFs investiertes Geld sollte dort ab dem Anlagebeginn für mindestens 15 Jahre verplant sein. Beide Ziele – eigene Immobilie innerhalb der nächsten 15 Jahre und Aktien-Investment – gleichzeitig anzusteuern, kann funktionieren, ist jedoch für einen nach Vermögen und Einkommen der Mittelschicht angehörenden Anleger sehr risikoreich, weil seine ETF-Anteile, wenn sie für den Kauf eines Hauses benötigt werden, mit größerer Wahrscheinlichkeit im Minus notieren und er entweder mit Verlust verkauft oder das Geld nicht für die Immobilie zur Verfügung steht. Das ist problematisch, da jeder Euro, den er als Eigenmittel in sein Wohneigentum steckt, die Konditionen seiner Finanzierung verbessert. Oft wird zudem übersehen, dass ein größerer Eigenkapital-Anteil das Verlustrisiko für das Eigenkapital in der Immobilie erheblich reduziert. Zur Illustration ein fiktives Szenario:

Kaufpreis der Immobilie: 300.000 Euro
Davon Eigenkapital (selbst angespartes Geld): 100.000 Euro
Davon Fremdkapital (geliehenes Geld): 200.000 Euro

Wertverlust der Immobilie nach Kauf: 10 % = 30.000 Euro

Wertverlust des Eigenkapitals:
30.000 Euro von 100.000 Euro = 30 %
3-mal so groß wie der Wertverlust der Immobilie.

Verliert dein Haus 10 % an Wert, verlierst du in diesem Beispiel 30 % deines Eigenkapitals. Dieser so genannte Hebel wird größer, je geringer der Eigenkapitalanteil in der Immobilie ist. Natürlich funktioniert das auch in die entgegengesetzte Richtung, das kam aber in der Vergangenheit nach Abzug aller Kosten faktisch selten vor. Beträgt das Eigenkapital nicht 100.000 Euro, sondern nur 50.000 Euro, verdoppelt sich der Verlust im genannten Szenario auf 60 %, es wäre ein 6-facher Hebel. Wer nun glaubt, dass Immobilienpreise niemals 10 % nachgeben, kennt die historischen Daten nicht.

Obwohl dies kein Immobilien-Ratgeber ist, möchte ich dennoch wenige weitere Worte dazu verlieren. Etwa die Hälfte der Haushalte in Deutschland lebt in den eigenen vier Wänden und die meisten Mieter wünschen es sich. Sie wollen zwei Fliegen mit einer Klappe schlagen: Lebensstilverbesserung und Vermögensbildung. Die Bilder vom gestiegenen Komfort treten in den Träumen klarer hervor als die vom Risiko-Rendite-Profil eines kreditfinanzierten Investments in eine einzelne Immobilie. Angesichts der Bedeutung der Entscheidung ist es verblüffend, wie anspruchslos viele Menschen an die finanziellen Argumente für und gegen ein Eigenheim herangehen. So wird die langfristige Rendite regelmäßig über- und das Risiko unterschätzt. Schau dir folgende Aussagen an und setze innerlich Häkchen, wo du zustimmst:

- Miete zu zahlen bedeutet, Geld zum Fenster hinauszuwerfen.

- Immobilien sind die perfekte Altersvorsorge.

- Die Preise guter Immobilien steigen langfristig immer.

- In einer Top-Lage kann man nicht verlieren.

- Der Wohneigentümer hat durch seinen Schutz vor steigenden Mieten einen klaren Vorteil gegenüber dem Mieter.

- Die staatlichen Begünstigungen eines Eigenheims sind entscheidend.

- Kurzfristige Wertverluste einer Immobilie sind egal, denn man will ja gar nicht verkaufen.

- Immobilien sind sichere und renditestarke Anlagen, kein Vergleich zum Gezocke an der Börse.

- Vermietung einer Immobilie ist der Schlüssel zu einer hohen Rendite für mittelschichtige Privathaushalte.

- Den Immobilienexperten aus der Branche kann man vertrauen; außerdem weiß ich durch meine persönliche Erfahrung alles, was ich wissen muss, um eine Immobilie in jeder relevanten Hinsicht einzuschätzen.

Wenn du auch nur eine dieser Behauptungen im Ansatz glaubst, solltest du das Buch „Kaufen oder mieten?" von Gerd Kommer lesen. Am besten, bevor du dir eine kreditfinanzierte Wohnimmobilie zur Selbstnutzung oder Vermietung anschaffst. Glaubst du keiner, wirst du trotzdem viel Wichtiges lernen.

Die zentrale Information des gesamten Buches: Kommer zeigt für verschiedene Zeiträume, dass die Kombination aus Miete und einem hinsichtlich des Risikos vergleichbaren Kapitalmarktportfolio in den allermeisten Zeiträumen viel mehr Rendite brachte, als der Eigentümer verbuchen konnte. Bei den genannten Größenordnungen und Zeiträumen kommen schnell ein paar Hunderttausend Euro zusammen, die der Mieter vor dem Eigentümer liegt. Dieses entgangene Geld ist der Preis aller Lebensstil-Argumente und der charakterlich bedingten Spar-Unfähigkeit eines Mieters, die für eine auf Kredit gekaufte und selbst bewohnte Immobilie sprechen. Darüber sollte sich jeder im Klaren sein. Dass Aktien als Anlageklasse weltweit ab einem Zeitraum von 20 Jahren eine erheblich stärkere Performance liefern als selbstgenutztes, kreditfinanziertes Wohneigentum, ist eine so berechtigte Erwartung, dass man sich einen Apokalyptiker schimpfen lassen muss, wenn man nicht daran glaubt. Am zweitwichtigsten in dem Buch ist die kühle Darstellung der zahlreichen Risiken und Kosten, die vor allem das kreditfinanzierte Eigentum an einer Immobilie mit sich bringt.

Gerd Kommer leistet wichtige Grundlagenarbeit, um überhaupt auf Augenhöhe mit denjenigen zu kommen, die einen Wissensvorsprung haben. Er hat zwei Bücher über Wohnimmobilien vor allem für Selbstnutzer geschrieben. Schon um die simple Frage zu beantworten, ob man lieber kaufen oder mieten sollte, hat der Autor 200 Buchseiten benötigt. Falls dann immer noch gekauft werden soll, bietet er weitere 300 Seiten zu Finanzierungsfragen an. Und damit sind noch nicht alle wichtigen Aspekte beim Kauf einer Wohnimmobilie zur Selbstnutzung berücksichtigt. Seine Bücher finden sich in der Literaturempfehlung im Anhang. Da es die vermutlich größte und einflussreichste finanzielle Entscheidung deines Lebens ist: Gönn dir die Lektüre, um dich nicht naiv in ein Abenteuer zu stürzen. 500 Seiten mit ziemlich vielen Informationen nur für die beiden scheinbar maßvoll komplexen Fragen: Soll ich kaufen und, wenn ja, wie finanzieren? Kontrastiert man diesen Umfang mit dem durchschnittlichen Aufwand, den der typische Interessent nach meiner Beobachtung treibt, in voller Überzeugung, genug über Risiken, Rendite und alles andere zu wissen, dann öffnet sich ein Abgrund der Selbstüberschätzung. Auch wenn sich nicht viele Menschen von Kommers Ausführungen vom einmal gefassten Entschluss zu einer eigenen Wohnimmobilie abbringen lassen dürften – zu schwer wiegen für sie die Aspekte des Wohlbefindens dafür, die der Autor ebenfalls reflektiert –, ist es sein Verdienst, ihnen die Chance zu geben, eine aufgeklärte Entscheidung zu treffen. Viele Generationen in der Vergangenheit hatten weder diese Chance noch besonders gute Anlagealternativen. Beides ist heute zum Glück anders.

Falls du bereits in einer eigenen Immobilie wohnst und fleißig abzahlst, dann ist es vermutlich besser, damit so schnell wie möglich fertig zu werden. Erst wenn das straffreie Maximum an Geschwindigkeit erreicht ist inklusive Sondertilgungen und auch alle Instandhaltungs- sowie sonstigen Kosten der mittelfristigen Zukunft (z. B. fünf Jahre, eher mehr) großzügig kalkuliert wurden, kommt aus meiner Sicht ein moderates zusätzliches Engagement in einem Aktien-ETF-Weltportfolio in Betracht. Zumindest wäre ich so vorsichtig, manche sagen: zu vorsichtig.

Jetzt aber genug über Immobilien und zum ersten Schritt in Richtung Börse!

Schritt 1

Schulden abbauen, Notgroschen aufbauen

1. Schulden adieu!

Falls du Konsumschulden hast, solltest du sie schnell abbauen und nie wieder welche machen. Konsumschulden sind alle Schulden, die nicht für eine Immobilie, eine eigene Unternehmensgründung oder, ausnahmsweise, für eine renditeträchtige Aus-/Weiterbildung aufgenommen werden. Bevor auch nur ein Euro angelegt wird, müssen alle Schulden getilgt sein. Die Abtragung der Verbindlichkeiten ist ökonomisch eine zu 100 % sichere Rendite in Höhe der eingesparten Kreditzinsen – vollkommen steuerfrei! Beispiel: Du hast 5.000 Euro Schulden und zahlst 5 % Zinsen pro Jahr. Macht 250 Euro. Begleichst du jetzt die Hälfte des Kredites, fallen auf die verbliebenen 2.500 Euro nur noch 125 Euro Zinsen an, demnach 125 Euro weniger als vorher. Du hast 2.500 Euro in die Rückzahlung eines Kredites investiert und dadurch 125 Euro Zinsen gespart. Das ist ökonomisch exakt dasselbe wie eine Rendite von 125 Euro, die du mit einem Investment in Höhe von 2.500 Euro erzielst – ein absolut sicherer, steuerfreier Gewinn von 5 % pro Jahr. Das gibt es sonst nirgends auf dem Finanzmarkt. Natürlich funktioniert diese Rechnung nur, wenn du bereits Konsumschulden hast, was du, wie gesagt, unbedingt vermeiden solltest.

Auch „0-Prozent-Finanzierungen" zum Beispiel für ein Auto sind Konsumschulden in Höhe des vereinbarten und in Raten abzuzahlenden Kaufpreises. Streng genommen, gilt das für alle auf diese Art angeschafften Gegenstände, etwa Handys. Bei einer so genannten 0-Prozent-Finanzierung eines Pkw werden übrigens die Kreditkosten gerne übersehen: Höherer Kaufpreis gegenüber gut verhandelter Cash-Zahlung plus eventuell Kosten für eine vom Verkäufer geforderte Versicherung.

Wer Aktien kauft und parallel Schulden hat, kauft Aktien auf Kredit, auch wenn er den Kredit gar nicht explizit für den Aktienkauf aufgenommen hat. Falls dich dieser Punkt irritiert, begehst du den Fehler separater mentaler Kontoführung für verschiedene Lebensbereiche. Du musst dich aber als ökonomisches Ganzes sehen. Aktien auf Kredit zu kaufen funktioniert fast nie, ist für durchschnittliche Privatanleger so gut wie immer hochriskante wirtschaftliche Unvernunft, egal wie verlockend es erscheint.

2. Geld für Ungeplantes: Der Notgroschen

Bevor das Investieren danach startet, ist es erforderlich, ein finanzielles Polster aufzubauen, das ungeplante Ereignisse abfedert, den Notgroschen: defekte Haushaltsgegenstände, Autoreparaturen, plötzlich notwendige medizinische Versorgung, Arbeitslosigkeit und vieles mehr. Genusskonsum wie eine größere Reise gehört ausdrücklich nicht dazu, darum kümmern wir uns später. Dieser Notgroschen muss geistig jederzeit klar vom Anlagevermögen separiert sein, er darf unter keinen Umständen für etwas anderes als den genannten Zweck verwendet und muss möglichst schnell wieder angespart werden, wenn er angebrochen wurde.

Einen Notgroschen benötigt jeder Haushalt unabhängig von seinen weiteren Investitionen. Noch einmal ganz unmissverständlich: Der Notgroschen steht nicht für die langfristige Vermögensbildung zur Verfügung, er gehört nicht zum Anlagevermögen. Im Laufe des Buches wird es häufig um die Aufteilung des Anlagevermögens gehen. Der Notgroschen wird hierbei nicht berücksichtigt, denn er liegt konzeptionell außerhalb des Anlagevermögens. Diese Liquidität ist notwendig, um für ungeplante Ausgaben keine eventuell in der Verlustzone herumgurkenden ETF-Anteile verkaufen zu müssen, hat also indirekt Einfluss auf die Vermögensbildung mit ETFs.

Wie viel?

Meines Erachtens reicht als Notgroschen in der Regel etwa das Sechsfache des durchschnittlichen monatlichen Geldbedarfs des betreffenden Haushalts. Für einen kinderlosen Single in Deutschland könnten das beispielsweise, um eine glatte Zahl zu nennen, 10.000 Euro mit der Kaufkraft beim Erscheinen dieses Buches sein. Möglich, dass der (Solo-)Selbstständige einen großzügigeren Notgroschen einplanen muss als der Angestellte und dieser wiederum mehr benötigt als der Beamte.

Die Kür: Versicherungen klären

Obwohl du auch problemlos loslegen kannst, ohne diesen (zugegeben: langweiligen, enervierenden) Punkt zu absolvieren, gehört er unbedingt an diese Stelle, da er kurz-, mittel- und langfristig Einfluss auf deine Finanzlage hat: Klärung deiner Versicherungssituation. Welche Versicherungen fehlen und welche Altlasten, auch im Bereich der Altersvorsorge, sollten verabschiedet werden? Diese Fragen beantworte ich hier nicht, nur als Hinweis für die Altersvorsorge so viel: Alle Kosten, die bereits unwiederbringlich (!) angefallen sind, sowie alle vergangenen Kursverluste spielen für die rationale Entscheidung keine Rolle, da sie versunkene Kosten darstellen. Das berühmte „Ich bin da im Minus, ich warte mit dem Verkaufen erst einmal, bis ich im Plus bin." ist dann irrational, wenn man parallel zur Wartezeit mit dem in einem schlechten Vermögenswert gebundenen Geld einen nach Steuern und Kosten sowie unter Risiko-Aspekten (voraussichtlich) besseren kaufen könnte. Der richtige Ansatz ist also der vergangenheitsvergessene Blick in die Zukunft: Mindestens zwei Szenarien entwickeln, einmal mit dem Fortsetzen des Bestehenden und einmal mit der Umschichtung ins Neue, und prüfen, auf welchem Weg zum geplanten Verkaufsdatum mutmaßlich nach Kosten und Steuern der größere Vermögensendwert in Cash (also nach Liquidierung) vorliegt.

Meine persönliche Meinung, Stand Erscheinungsdatum dieses Buches: Die private und betriebliche Altersvorsorge in Deutschland ist kaputt. In der Regel kann man alle Angebote getrost ignorieren, die von der Finanzindustrie aktiv an die Mittelschicht vertrieben werden, ob staatlich gefördert oder nicht. Dies empirisch zu belegen, produktstrukturell zu erklären und politisch zu bewerten, ist eine Aufgabe für berufenere Autoren und würde zu weit vom Ziel dieses Buches wegführen. Eine kompetente, interessenkonfliktfreie und damit automatisch kostenpflichtige Beratung – nur diese verdient überhaupt den Namen – samt eigener Recherche in seriösen Quellen ist die Voraussetzung, um gute Entscheidungen zu treffen. Das gilt hier wie bei allen anderen Finanz-, ja eigentlich bei allen Lebensentscheidungen. Für die kleinen Finanzfragen sind meines Erachtens die Verbraucherzentralen gute Ansprechpartner, doch eine hohe persönliche Kompetenz des Anlegers ersetzen sie nicht – nicht zuletzt zur Einschätzung der Kompetenz der dortigen Berater. Ökonomisch interessenkonfliktfrei ist übrigens ausschließlich eine Beratung, bei der die Vergütung des Beraters weder direkt noch indirekt von Art und Ergebnis der Beratung abhängt und für den dies auch bei sämtlichen anderen seiner Kunden gilt. Konkret heißt das vor allem: Wenn dein „Berater" davon lebt, dass er Provisionen von den Anbietern der von dir oder anderen gekauften Produkte erhält, dann traue ihm keinen Meter über den Weg und am allerwenigsten, wenn er dir sympathisch ist, denn das lähmt deinen Verstand. Und fang bitte, bitte nicht an, das Geschäft gefühlig zu sehen, baue bloß keine Beziehung zu deinem Vertragspartner auf und bilde dir niemals ein, dass du schon wegen deiner überragenden Menschenkenntnis intuitiv einschätzen kannst, dass er ganz anders ist als andere seiner Art. Du würdest deinem Anwalt ja auch nicht vertrauen, wenn er nicht von dir, sondern vom Staatsanwalt bezahlt wird und beide wiederum desto mehr verdienen, je höher die Geldstrafen für dich und die anderen Klienten ausfallen, oder? Bloß weil du für eine Beratung bezahlst, ist sie noch lange nicht interessenkonfliktfrei. Aber wenn du nicht bezahlst, wird sie ziemlich sicher interessenkonfliktbehaftet sein und dir schaden. Was jemand über seine eigenen Interessenkonflikte sagt, ob er ihre Existenz oder ihren Einfluss leugnet, ist natürlich völlig irrelevant. Sobald sie faktisch da sind, solltest du Abstand nehmen. Rigoros. Sogar dann, wenn er scheinbar gegen seine Interessen berät, dir zum Beispiel Produkte der Konkurrenz empfiehlt. Oder behauptet, dass er ja von jedem Anbieter dasselbe bekomme (kannst du nicht überprüfen und ist auch egal, denn irgendetwas vom Schlechten muss er dir trotzdem verkaufen). Das bedeutet in der Praxis: Du pfeifst auf rund 95 % aller „Berater", die da draußen herumlaufen, egal in welcher Form sie dir begegnen, ob als „unabhängiger" Selbstständiger oder als Angestellter eines cleanen, alten Unternehmens der Finanzbranche, das du echt gut aus der Werbung kennst und einen tollen Eindruck auf dich macht.

Schritt 2

Konsumgroschen und Sparbeträge planen

Neben ungeplanten größeren Ausgaben, die der Notgroschen abdeckt, gibt es geplante wie zum Beispiel für neue Möbel, Autos, größere Reisen, den Garten, baldiger Unterhalt für Kinder in Ausbildung/Studium oder zur Instandhaltung einer Immobilie. Diese nenne ich, in grober Vereinfachung, Konsumgroschen, der, genau wie der Notgroschen, nicht zum Anlagevermögen gehört. Es empfiehlt sich, jährlich die in den kommenden zwei bis drei Jahren voraussichtlich anfallenden Kosten zu kalkulieren und mit dem eigenen zu erwartenden Einkommen in Einklang zu bringen – unter vorrangiger Berücksichtigung des Zieles, relevantes Vermögen aufzubauen. In bestimmten Situationen kann es auch sinnvoll sein, längerfristig zu planen, das musst du für dich entscheiden.

Als Faustformel gilt: 15 % deines Nettoeinkommens solltest du für die private Altersvorsorge, also für dein Anlagevermögen, erübrigen. Das bedeutet für sehr viele Haushalte in Deutschland eine große Herausforderung, die bei den meisten weniger auf exorbitante Konsumwünsche und mehr auf politisches Versagen zurückzuführen ist, ein Versagen, das die massenhaft Betroffenen durch ihr Wahlverhalten begünstigt haben. Da der Anleger nun einmal vor dieser Realität steht, muss er seinen Konsum einschränken, um möglichst nahe an die 15 % zu rücken.

Wer auf diese Berechnung keine Lust hat, legt „einfach" mindestens 150 Euro monatlich beiseite für seine Altersvorsorge. Seine Konsumausgaben plant er nach Abzug dieser Summe. Mehr ist besser, weniger nicht schlimm – Hauptsache, man startet überhaupt einmal, und zwar mit der richtigen Strategie, aufstocken kann man hoffentlich immer noch. Je näher die Verbrauchsphase des Portfolios beim Start schon gerückt ist, desto mehr Geld muss es sein, um den Lebensstandard halten zu können. Dieses Anlagevermögen muss so investiert werden, dass es für dich persönlich passt. Die nächsten Schritte sollen dabei helfen. In ihnen wird immer vom Anlagevermögen ausgegangen, jenem Geld, das für die langfristige Vermögensbildung und damit nicht für den kurz- bis mittelfristigen Verbrauch zur Verfügung steht. Alle folgenden Überlegungen beziehen sich ausschließlich auf seine optimale Investition.

Die grundlegende Aufteilung deines Geldes sieht demnach so aus:

1. Notgroschen
2. Konsumgroschen
3. Anlagevermögen

Schritt 3

Persönliche Risikotragfähigkeit bestimmen

Jeder Mensch, der Geld anlegen möchte – dazu zählt auch das Anlegen unter der Matratze –, hat die Wahl zwischen Pest und Cholera: Entweder er bekommt kurz- und mittelfristige Vermögensstabilität. Dann muss er jedoch langfristig eine fast 100 % sichere reale Nettorendite von nahezu null, häufig auch einen Kaufkraftverlust hinnehmen. Oder er fährt mit einer ebenso hohen Wahrscheinlichkeit langfristig eine beachtliche Rendite ein, muss sich aber kurz- und mittelfristig auf große (Buch-)Verluste einstellen.

Es gibt kein Entrinnen aus diesem Dilemma, keine Zauberformel, mit der wir das bekommen, was wir eigentlich wollen: dass es risikolos real netto dauerhaft deutlich nach oben geht. Das ist bisher selten passiert und war auch in Hochzinsphasen nur die Ausnahme, obwohl wir uns in diesem Punkt gerne Illusionen hingeben. Wer nach Kosten, Steuern und Inflation positive Rendite will, muss Risiken eingehen – kluge Risiken. Gerade in Deutschland entstehen immer wieder Katastrophen, weil Privatanleger, deren Schutz die Politik versäumt, in Anlagevehikel getrieben werden, deren Risiken sie nicht verstehen und deren Rendite sie, nicht nur wegen hoher, intransparenter Kosten, überschätzen. Erfreulicherweise ist es total einfach, nur kluge Risiken mit renditestarken Produkten einzugehen: Man lehnt alle aktiv vertriebenen Angebote ab, kauft stattdessen mit höchstens einer Handvoll ETFs den Weltaktienmarkt und hält das dort investierte Geld mindestens 15 Jahre. Wissenschaftsbasiertes, prognosefreies Anlegen. Geld, das in den Weltaktienmarkt investiert wird, sollte, wie schon gesagt, für mindestens 15 Jahre nicht benötigt werden. Das ist der Mindestanlagehorizont. Ein kleinerer Zeitraum bedeutet ein größeres Verlustrisiko, wie die Vergangenheit zeigt.

Doch unabhängig vom tatsächlichen Geldbedarf lassen sich Anleger in Crash-Phasen emotional angreifen. Obwohl sie wissen,
dass ein Verkauf aus Angst dumm ist, tun sie es trotzdem und realisieren, das heißt: zementieren Verluste, die bis dahin „nur"
Buchverluste waren. Ein Buchverlust meint einen Wertverlust im
Portfolio, ohne die Papiere zu verkaufen. Er ist, so gesehen, theo-
retischer Natur: nicht zu vernachlässigen, wichtig in der Betrachtung, aber noch nicht final. Harte, irreversible Tatsache wird er
erst bei einem Verkauf. Ein Engagement an der Aktienbörse
heißt: Verlust der Kontrolle über das dort investierte Geld. Dieser
Kontrollverlust wurde und wird – hoffentlich – durch eine hohe
langfristige Rendite kompensiert.
Die erste konkrete Frage beim Investieren lautet also: Wie viel
(kluges) Risiko kann ich wirtschaftlich und psychisch ertragen?
Wirtschaftlich geht oft mehr, als man glaubt. Viele Anleger haben
bis zum Austritt aus dem Berufsleben noch viele Jahrzehnte und
können außerdem auf eine zwar niedrige, aber doch signifikante
gesetzliche Rente hoffen. Und mit dem Beginn der Rente endet
normalerweise nicht der Anlagezeitraum. Psychisch dagegen ver-
tragen sie weniger. Sagt es sich für manche noch leicht dahin, dass
sie einen Rückgang ihres Anlagevermögens von 25 % oder 50 %
locker aushalten, sieht die Sache häufig anders aus, wenn er tatsächlich eintritt. Ich habe schon Leute erlebt, die mehrere Woh-
nungen auf Kredit finanzieren, dann mal – weil's so schön ist –
1.000 Euro in die Aktienbörse stecken und nach zwei Wochen, in
denen die Kurse um 5 % nachgaben, schockiert fragen: „Was ist
denn da los?! Was soll ich tun?!" Macher-Typen wollen ja immer
gleich etwas tun, je intelligenter und beruflich erfolgreicher, desto
verheerender, zumindest nach meiner Erfahrung. An der Börse
allerdings wird intensives Handeln selten belohnt, eher bestraft.
Sturheit zählt. Geld wird dort, eine passive Weltportfolio-Anlage
vorausgesetzt, mit Sitzfleisch verdient. Im Sturm das Steuer fest-
zuhalten, daran zeigt sich die Kapitänin. Intelligenz ist höchstens
hilfreich, um das Richtige zu erkennen. Es zu tun, erfordert Cha-

rakter. Ohne Charakter kann die Börse jemanden vernichten. Deshalb ist es elementar, diesen zu trainieren, indem man sich a) vernünftig bildet und b) mit kleinen Beträgen übt, falls man unsicher ist. Die genannten 1.000 Euro sind eine schöne Summe zum abhärtenden Herantasten. Spätestens ab einem in Aktien investierten Depot von 40.000 Euro schwankt das dortige Vermögen pro Handelstag viel stärker, als der durchschnittliche Vollzeit-Arbeitnehmer werktäglich durch Erwerbsarbeit verdient, und ein Crash von 50 % bedeutet, dass 20.000 Euro erst einmal futsch sind. Viele schöne Urlaube oder eine gute Küche oder ein vernünftiges Auto sind dann mal eben so verloren. Alle paar Jahre scheppert es mächtig an den Weltmärkten, und das Stressigste: Man kann das, im Gegensatz zum ebenfalls eindrucksvollen Schwanken des (gehebelten) Eigenkapitals in einer kreditfinanzierten Immobilie, in jeder Sekunde live sehen anhand der blutroten Ziffern der Kursticker. Deshalb gibt es an der Börse genau eine Erfahrung, die dir wirklich hilft: seit Jahren Ohrfeigen kassieren und trotzdem eine super Laune haben. Anleger sind wie Grünkohl: Da muss der Frost drübergehen. Nichts ist teurer an der Börse als die Flatternerven der „Zittrigen", wie der Spekulant André Kostolany sie nannte. Den „Hartgesottenen" sollte man sich anschließen. Ausgerechnet von Hauseigentümern kann man hier lernen. Deren Asset (der Vermögenswert, ihr Haus), auf das sie oft sogar noch einen stattlichen Kredit haben, schwankt munter im Wert. Doch erstens wird, wie gesagt, der Kurs nicht andauernd festgestellt, bleibt damit unsichtbar und macht sie nicht verrückt, obwohl er natürlich trotzdem vorhanden ist. Und selbst wenn sie, zweitens, alle paar Jahre einen Blick auf die Immobilienpreisentwicklung ihrer Gegend werfen und einen — durch Hebelwirkung des Kredites verschlimmerten — Buchverlust ihres Eigenkapitals wahrnehmen, so zucken sie bis zu einem gewissen hohen Grad mit den Schultern: Sie wollen ja nicht verkaufen, sondern 30 Jahre und länger „halten", also in dem Kasten wohnen, ihn vielleicht sogar vererben. Genau so muss man sein ETF-

Weltportfolio zwischendurch betrachten: mit milde interessiertem Blick, bloß mal so zur Info, aber stur daran festhalten und Krisen aussitzen – auch wenn um einen herum alle beteuern, dass der jüngste Absturz „ganz anders" sei und der Weltuntergang nahe. Es hilft nur der Glaube an die Überlegenheit der eigenen Strategie. Gleiches gilt übrigens auch bei Börsenaufschwüngen: Hier neigt der Anleger dazu, doch ein paar heiße Tipps für Einzelaktien sowie zum Rein-Raus-Herumzocken zu beherzigen. Die würde ich tunlichst ignorieren.

Ob ein Portfolio nach fünf Jahren dick im Minus ist, interessiert bei einem mindestens 15 Jahre währenden Anlagezeitraum nicht. Viele Menschen haben Anlagezeiträume von 30 Jahren und mehr. Dann ist es noch unbedeutender. Wenn eine Fußballmannschaft eine Viertelstunde nach Spielbeginn hinten liegt oder die Beliebtheitswerte einer Bundesregierung acht Monate nach Amtsantritt abrutschen, dann ist das für die Betroffenen ärgerlich, aber egal. Passiert, gehört dazu, kann man von vorn herein erwarten. Entscheidend ist am Ende. Abpfiff, Wahltag. Es kann sich alles drehen, auch auf den letzten Metern. Junge Anleger dürfen sich sogar freuen, wenn sie in einem baldigen Börsencrash billig neue ETF-Anteile kaufen und das Tal abwarten können. Im Oktober 1987 ereilte die Aktienmärkte ein dramatischer Kurseinbruch. Ich wette: 30 Jahre später im Jahr 2017 hat niemand, der damals schon dabei war, mehr gejammert, dass ihm der Crash die Rendite verhagelt hat. Im Jahr 2017 hat auch niemand mehr über das Platzen der Dotcom-Blase aus dem Jahr 2000 geweint, wenn er immer breit im Markt war und blieb, und auch die außergewöhnlich schwere Finanzkrise von 2008/09 war renditemäßig gerade wieder verschmerzt. In den letzten Jahrzehnten war es so: Wer den Weltaktienmarkt gekauft hat, hat nach 15 Jahren nie einen Verlust erlitten, auch wenn er auf dem Höhepunkt eines Booms direkt vor dem Crash eingestiegen ist. Meistens hat er einen enormen realen Gewinn eingefahren. Dazwischen allerdings hat es heftig gerumst. Börsencrashs und mehrjährige Phasen unterhalb einstiger Höchstwerte sind Prüfungen deiner inneren Stärke. Wenn du in ihnen verkaufst, obwohl du das Geld nicht dringend brauchst, dann ist dein Verlust der Preis deiner Schwäche. Das darf dir möglichst nicht passieren. Verflüchtigt sich im Crash dein Schlaf, lähmt und vernebelt Angst um das Vermögen dein Denken und ist dir nur noch speiübel, dann hast du deine Risikotragfähigkeit überschätzt. Kommt vor. Mache keinen Härte-Wettbewerb aus dem Investieren. Ein gepflegter Crash sollte dich nicht brechen. Sondern meißeln. Vermutlich hat jeder von uns Seelenbestandteile, die finanziellen Schaden anrichten können. Du musst das Risiko wählen, das dich durchhalten lässt. Es ist besser, risikoaverser anzulegen und so die erwartete Rendite zu senken, als ein zu hohes Risiko einzugehen und im Crash schlotternd einzuknicken. In guten Zeiten kannst du – wenn es unbedingt sein muss – durch Umschichtungen immer noch etwas Fahrt aus deinem Portfolio herausnehmen. Im Crash aber gilt, auch wenn die größte Existenzangst um sich greift: Du hältst. Und kaufst sogar noch nach, wenn du Geld dafür hast. Eine richtig große Krise bedeutet: Auch Top-Industriestaaten gehen bankrott, Schlangen vor Suppenküchen, sofern es noch Suppenküchen gibt, Gewalt, bitterste Not, tiefstes Elend, unvorstellbares Leid, Krieg vielleicht. Deine Schlussfolgerung: Halten. Halten. Halten. Komme, was wolle. Du bleibst auf deinem Posten. Sofern das wirtschaftlich noch irgendwie geht.

Die Aktienmärkte fordern dich immer mal wieder heraus und erinnern dich daran, dass es überdurchschnittlichen Erfolg langfristig normalerweise nicht ohne Leiden gibt. Egal, ob du Angst hast oder panisch bist: Du musst da durch, du musst es aushalten. Solange du nichts abstößt, handelt es sich um reine Buchverluste, die man aussitzen kann – manchmal jahrelang, auch über ein Jahrzehnt ist möglich. Stelle dich am besten gleich am Anfang ganz plastisch darauf ein, dass dir das im Laufe deines Lebens mehrfach passieren wird. Wird. Nicht „könnte". Du kriegst deine

Rendite für das Tragen von Risiko. Risiko bedeutet unvorhergesehene plötzliche oder schleichende Kursrückgänge. Wären sie vorhersehbar oder existierten sie gar nicht, wäre kein Risiko vorhanden und es gäbe folglich für den Markt keinen Grund, dich zu bezahlen. Versprechungen wie „Mit unserem Produkt begrenzen Sie Verluste und haben trotzdem die volle Aktienrendite!" sind lächerlich. Das schließt sämtliche Kapitalgarantien ein, sie sind sogar besonders tückisch. Verlustbegrenzungen fressen Rendite. Und das beste so genannte Downside Hedging machst du, indem du einfach weniger in risikoreiche und mehr in risikoarme Anlagen investierst. Natürlich verlierst du dann auch Renditechancen. Ein Ausweg existiert nicht. Es ist übrigens ein gefährlicher Denkfehler, ein sich nicht materialisierendes Risiko hinterher für inexistent zu halten.

Um Aktien-Risiko besser zu begreifen, muss man Aktienkurse verstehen. Aktien sind rechtlich Anteile an Unternehmen, man wird als Aktionär also Miteigentümer der jeweiligen Aktiengesellschaft und profitiert von ihren Gewinnen. Ein Gewinn ist das, was vom Umsatz übrig bleibt, wenn alles bezahlt ist. Als Shareholder steht man also ganz unten in der Rangliste derjenigen, die Ansprüche auf Zahlungen vom Unternehmen anmelden. Zuerst kommen, in dieser Reihenfolge: Staat, Mitarbeiter:innen, Lieferanten, Fremdkapitalgeber, Vermieter. Das ist die so genannte Cashflow-Kaskade.
Technisch sind Aktienkurse das Ergebnis von Angebot und Nachfrage in Bezug auf die Aktien des betreffenden Unternehmens, wobei sich der von der Börse festgesetzte Kurs danach richtet, auf welchem Niveau angesichts der aktuellen Käufer-Verkäufer-Konstellation das Handelsvolumen am höchsten ist. Die Börse möchte die Anzahl der gehandelten Aktien maximieren, um mehr zu verdienen und möglichst viele Anleger zufriedenzustellen.

Inhaltlich spiegeln Aktienkurse, sehr vereinfacht und grundsätzlich gesagt, den gegenwärtigen Wert des sehr langfristigen zukünftigen, also mutmaßlichen Wertes des Unternehmens, wobei die näherliegende Zukunft mehr Einfluss hat als die ferne. Verringert sich der erwartete zukünftige Wert, fallen die Kurse. Vergrößert er sich, steigen sie. Der Wert eines Unternehmens, überhaupt jedes Vermögensgegenstandes, besteht im Wert der auf heute heruntergerechneten (diskontierten) und addierten langfristigen Geldflüsse zum Investor. Bei Aktien sind das Dividenden, also Gewinnausschüttungen, plus Kurssteigerungen, die im Falle des Verkaufens der Anteile einen Cash-Erlös für den Investor darstellen. Investieren bedeutet: Geld in etwas fließen lassen, damit Geld zurückfließt – idealerweise so viel mehr, als hineingeflossen ist, dass man sich hinterher mehr kaufen kann, als wenn man es nicht getan hätte.

Weil es um sehr weite Ausblicke geht, können minimale heutige Veränderungen große in der Zukunft bedeuten und die Kurse heute entsprechend stark schwanken. Es ist durchaus möglich, dass ein Unternehmen die Verdoppelung seines Gewinns bekanntgibt, die Aktie um 20 % fällt, der Handel ausgesetzt wird und der Kurs nach Wiederaufnahme nochmal 10 % absackt. Weil die Erwartungen vorher höher waren und sich im Kurs wiederfanden. Oder weil zufällig etwas passiert ist, das die Aussichten trübt. Dieser Punkt sorgt bei Laien häufig für Unverständnis: „Wie kann von heute auf morgen oder von eben auf jetzt ein Unternehmen 20 % weniger wert sein? Und das trotz bester Zahlen. Die Börse spielt verrückt!" Antwort: Es ging nie um den sicheren heutigen Wert (was immer das überhaupt ist). An der Börse werden die Kurse von heute durch die Millionen Marktteilnehmer danach bestimmt, was die vermuteten langfristigen zukünftigen Werte des Unternehmens mit einem bestimmten zugrunde gelegten Zinssatz rückwärts gerechnet heute wert sind.

Ein vereinfachtes Beispiel: Stelle dir vor, du erwartest bei einem bestimmten Vermögensgegenstand 100 Euro Gewinn im nächsten Jahr. Danach löst sich der Vermögensgegenstand auf – wie gesagt, ein vereinfachtes Beispiel. Du zahlst heute einen bestimmten Preis, um die Chance auf diesen Gewinn zu haben. Dafür bekommst du ein Papier, auf dem steht, dass du berechtigt bist, den Gewinn zu vereinnahmen. Das ist ein wertvolles Papier, ein Wertpapier. Nachdem du das Wertpapier erworben hast, kommt eine schlechte Nachricht, die bewirkt, dass die Wahrscheinlichkeit der Erzielung dieser 100 Euro sinkt. Du willst das Wertpapier verkaufen – findest aber niemanden, der es dir zu deinem ursprünglichen Kaufpreis abnimmt. Die Interessenten haben die Nachricht auch bekommen und bieten deutlich weniger, weil die Wahrscheinlichkeit gesunken ist und damit der erwartete Gewinn (Wahrscheinlichkeit * 100 Euro). Die Käufer verlangen eine größere Risikoprämie, falls die 100 Euro doch noch kommen, bzw. ist ihre Gewinnerwartung niedriger. Folge: Der Preis muss tiefer liegen als vor der Nachricht, damit sie zuschlagen. Der Kurs des Wertpapiers ist gefallen, du machst Verlust, wenn du es verkaufst.

Bei der Aktienbewertung spielt natürlich auch eine Rolle, wann die zukünftig erwarteten Gewinne fließen. 100 Euro heute sind aufgrund der Inflation, der schnelleren Verfügbarkeit und höheren Sicherheit mehr wert als 100 Euro in einem Jahr, und diese wiederum sind mehr wert als 100 Euro in zwei Jahren. Wie viel sind 100 Euro in einem Jahr heute wert? Das kommt auf den so genannten Abzinsungsfaktor an, der angibt, wie viel Rendite man mit einem Vermögensgegenstand im Erfolgsfall erzielen will. Beträgt er zum Beispiel 7 % pro Jahr, sind 100 Euro in einem Jahr heute 93,46 Euro wert, da man in einem Jahr 100 Euro erhielte, wenn man heute 93,46 Euro mit 7 % pro Jahr anlegte. Mit dem erwarteten Risiko wächst die gewünschte Rendite. Es gibt Phasen, in denen der Markt generell höhere Preise zu bezahlen bereit ist, und andere, in denen er deutlich niedrigere verlangt. Grundsätzlich sollten die Renditen für (risikoreiches) Unternehmertum höher sein als z. B. das vergleichsweise risikoärmere Verleihen von Geld – und du bist eine Art Unternehmer:in, wenn du Aktien besitzt; die Mitarbeiter:innen der größten Konzerne bis hin zum Vorstand sind quasi deine Angestellten.

Du siehst an diesem Beispiel auch, dass die absolute Höhe des erwarteten Gewinns eines Unternehmens zwar den Kurs der Aktie bestimmt, das heißt den Preis, den man bezahlen muss, um den Gewinn zu vereinnahmen. Für die Rendite, also für die Veränderung des Kurses, ist ausschließlich die Veränderung des erwarteten Gewinns unter Berücksichtigung des Abzinsungsfaktors relevant. Nur weil ein Unternehmen, eine Branche oder eine Region besonders toll dasteht und rosige Aussichten hat, muss die Anlegerrendite nicht ebenso berauschend werden. Umgekehrt kann auch ein Unternehmen, eine Branche oder eine Region mit schwierigen Umständen und miserablen Aussichten attraktive Anlegerrenditen produzieren. Denn der Markt preist neue Informationen einfach in den Kurs ein und wartet wieder auf etwas Neues, etwas bisher nicht Erwartetes. Bekannte aktuelle und zukünftige Verhältnisse, ob übel oder super, wirken sich auf den Kurs nicht mehr aus. Mache an dieser Stelle ruhig eine kurze Pause und führe dir das plastisch vor Augen. Wir kommen noch einmal darauf zurück, aber wenn du das hier schon akzeptierst, verstehst du mehr von der Aktienbörse als die meisten anderen Anleger.

Wie kannst du Börsencrashs psychisch besser ertragen?

Einen Börsencrash kannst du entspannter betrachten, wenn du ihn als Rabattaktion wie im Textileinzelhandel interpretierst. Der Aktienmarkt ist der einzige Markt, bei dem bestimmte Käufer fliehen, wenn es Rabatte gibt, und herbeiströmen, wenn es teuer wird. Das ist irrational. Wenn du an die Weltwirtschaft glaubst, ist ein Börsencrash wie ein Schlussverkauf. In einer Baisse (nach Kursrückgängen) kann man Anteile an der Weltwirtschaft günstig einsammeln, genauso wie beim Sale in der Fußgängerzone. Wenn nach jahrelanger Hausse (Kursanstiege) die Aktienmärkte plötzlich oder schleichend crashen, sind Verunsicherung und Fluchttendenz groß. Die Anleger reagieren nervös auf Horrornachrichten, sind noch empfänglicher für Untergangspropheten und jeder Hobbyanalytiker geriert sich als pessimistischer Weltökonom — obwohl das größte Hobby selbst der hauptberuflichen Weltökonomen das Irren bei ihren Vorhersagen ist. Man raunt sich zu, dass alles implodiert und dass verrückt sein muss, wer jetzt noch im Markt ist oder wieder einsteigt. Was auf Einzelaktienebene manchmal seine Berechtigung hat, gilt nicht für die ganze Assetklasse Aktien. Die Wahrscheinlichkeit, dass sie pleitegeht, ist gering. Schon der absurde Klang der Formulierung, dass eine Assetklasse pleitegeht, zeigt dies an. In der ersten Hälfte des 20. Jahrhunderts hat sich der Dow Jones Index sogar von einem 90-prozentigen Kursrückgang binnen einiger Jahre komplett erholt und ist zu neuen Höhen gestürmt. Gut für alle, die stumpf dabei blieben. Schlecht für jene, die sich von Panik und Schwarzmalerei anstecken ließen. Wer die für ihn stimmige Gewichtung zwischen dem risikoreichen und dem risikoarmen Teil seines Portfolios gefunden hat und sich als passiver Anleger versteht, der sehr langfristig den Weltaktienmarkt halten will, der begrüßt zumindest in der Ansparzeit einen Börsencrash, wie er jederzeit möglich ist, als wunderbare Gelegenheit, über eine zusätzliche Investition in seine Aktienfonds günstige Beteiligungen an tausenden Unternehmen zu bekommen, die in ihrer Gesamtheit solide performen und sein Depot robust bis antifragil machen.

Der wesentliche Unterschied zwischen günstigen Aktienkursen und niedrigen Preisen für Bekleidung macht diesen Vergleich noch schmackhafter: Wenn ich eine Hose kaufe, verschleißt sie vom ersten Tragen an, auch wenn ich sie günstig erstanden habe. Ein Schnäppchen auf dem Weltaktienmarkt hingegen wird mit fulminant hoher Wahrscheinlichkeit zukünftig nicht nur nicht verschleißen, sondern mir auf lange Sicht sogar zusätzliches Geld bringen – und je günstiger ich gekauft habe, desto mehr darf ich erwarten. Die Höhen der Rabatte im Textileinzelhandel und an der Börse übrigens sind ähnlich: 25 %, 50 % oder auch mal 70 %, ewig wiederkehrend. Dumm nur, dass im Gegensatz zum Klamotten-Shopping-Zyklus keiner wirklich weiß, wann und wie lange der Aktienmarkt so nett ist, diese gigantischen Rabatte zu gewähren, und ihre genaue Höhe kennt auch niemand vorab. Deshalb investiert ein passiver Investor einfach immer dann, wenn Geld da ist, und freut sich, wenn das zufällig in Zeiten des Bärenmarktes der Fall ist. Während eines Tiefs hält er an seinen Positionen fest, er steht das durch.

In einer Baisse, las ich neulich, gehen Aktien in die Hände über, in die sie gehören. So habe ich mich mittlerweile konditioniert, sofort Folgendes zu denken, wenn die Kurse weltweit kollektiv abrutschen:

Oh, toll, an der Börse ist mal wieder Saisonschlussverkauf!

Meine anfangs genutzte Formulierung, dass Anleger aus dem Markt fliehen, die man auch immer wieder in den Medien findet, ist ein schiefes Bild. Ja, manche Anleger ziehen sich aus dem Markt zurück, wenn er crasht, aber andere wiederum kaufen die Papiere, die die Fliehenden zu einem geringeren Preis abstoßen. Andernfalls käme gar kein Handel zustande und wäre kein aktueller Kurs feststellbar. Da „fliehen" also auch Anleger in den Markt hinein. Jede Aktie hat zu jedem Zeitpunkt einen Eigentümer. Aktien liegen nicht einfach auf der Straße herum, weil niemand sie will, und werden irgendwann wieder abgeholt. Sind keine Käufer da, kann man sie nicht verkaufen und bleibt auf ihnen sitzen. Umgekehrt dasselbe: Findet man keine Verkäufer, kann man keine Aktien kaufen. Da sie aber im Normalfall hochliquide sind, ist das ein rein theoretisches Szenario, obgleich es in Einzelfällen bei besonders kleinen Unternehmen und/oder einem sehr großen Ordervolumen durchaus kurzzeitig vorkommt und allein diese eine Order den Kurs merklich beeinflusst.

Risiko okay, aber was bekommst du dafür?

Was kann man vom gesamten Weltaktienmarkt, in den wir investieren wollen, denn eigentlich erwarten für das eingegangene Risiko? Langfristig irgendwas um die 7,5 % Rendite pro Jahr. Zumindest war das in den letzten Jahrzehnten so. Das ist die Nominalrendite, also vor Abzug der Inflation. Die beträgt in Deutschland historisch gut 2%. Zieht man diese von den 7,5% Rendite überschlagsmäßig ab, ergeben sich rund 5,5 % Realrendite – der exakte mathematische Zusammenhang zwischen Nominal- und Realrendite ist komplexer, doch für verhältnismäßig kleine Inflationsraten und kürzere Zeiträume dürfen wir das der schnellen Einschätzung wegen problemlos so machen. Zum einfachen Erinnern: Diese Renditen bedeuten, dass sich in Aktien investiertes Vermögen, grob gesagt, alle 10 Jahre nominal und alle 15 Jahre real verdoppelt, vor Kosten und Steuern. Diese muss man von den 5,5% Realrendite abziehen, allerdings ist ihre Höhe leider von der Nominalrendite abhängig, denn auf sie werden sie berechnet. Alles in allem verbleiben beim Anleger voraussichtlich wohl um die 4 % reale Nettorendite. Damit sind Aktien historisch die mit großem Abstand renditestärkste Anlageklasse und es gibt keinen überzeugenden Grund, daran zu zweifeln, dass sie es zukünftig bleiben. Wirkt enttäuschend, oder? Hattest du die Hoffnung, dass es eher so 10 % sind? Andere Geldanlagen schneiden deutlich schlechter ab, oft sogar negativ, das solltest du niemals vergessen. Durch den Zinseszinseffekt machen schon Renditeunterschiede von 1 oder 2 % auf einige Jahrzehnte gesehen enorme Unterschiede im Vermögensendwert aus. Zwischen 2 % und 4 % Rendite liegen Wohlstandswelten. Zwischen 0 oder noch weniger und 4 % sowieso. Probiere es mit einem Zinseszinsrechner ruhig einmal aus. Und denke, wenn du Renditen miteinander vergleichst, stets daran, methodisch korrekt vorzugehen, um aussagekräftige Ergebnisse zu erhalten. Meistens nennt man dir nämlich nominale Bruttorenditen.

Eine unangenehme Wahrheit, die zunächst paradox klingt, will ich dir ebenfalls nicht verschweigen: Wenn du statt oder zusätzlich zu einer Einmalanlage regelmäßig Beträge investierst, was bei den meisten Anlegern der Fall sein dürfte, kann es passieren, dass du einen relativ niedrigen Vermögensendwert bei einer über den gesamten Zeitraum recht hohen jährlichen Durchschnittsrendite des Aktienmarktes erzielst oder umgekehrt einen hohen Vermögensendwert bei eher niedriger jährlicher Durchschnittsrendite. Dein Vermögensendwert – und auf den kommt es ja an – hängt bei regelmäßigem Sparen nämlich immens davon ab, zu welchem Zeitpunkt innerhalb des Ansparzeitraums welche Renditen erzielt werden. Der Grund: Am Anfang hast du meistens relativ wenig investiert, da wirkt sich die Rendite, ob positiv oder negativ, entsprechend weniger stark auf den Vermögensendwert aus. Am Ende ist es umgekehrt: Auch kleine Renditeunterschiede haben große Folgen. Kommen die miesen Jahre am Anfang und die guten am Schluss, hast du Glück. Ist es anders herum, hast du Pech. In der Phase des Portfolioverbrauchs ist es natürlich umgekehrt: Lieber am Ende, wenn eh schon fast alles weg ist, die großen Crashs. Es handelt sich hierbei um das so genannte Renditereihenfolgerisiko, das man gerne vergisst, wenn man mit Zinseszinsrechnern herauszufinden versucht, welches Vermögen man denn wohl in 30 Jahren haben wird bei einer gleichbleibenden jährlichen Rendite. Letztlich ist diese Einsicht trivial: Die Rendite ist in verschiedenen Zeiträumen innerhalb des eigenen Lebens unterschiedlich. Das ist ja gerade das Risiko, für das wir bezahlt werden. Im kleineren Maß gilt das auch bezogen auf die menschheitshistorische Verortung deines ganzen Lebens, weshalb dieses Risiko auch den Anleger mit der Einmalanlage trifft, philosophisch-fatalistisch gesehen. Wir haben nur dieses eine konkrete

Leben in einer gegebenen Epoche, gut möglich, dass ausgerechnet diese miserabel ist gegenüber früheren oder späteren, in denen wir noch nicht lebten beziehungsweise nicht mehr leben werden. Man kann die Börse nicht vorhersehen. Diese Unmöglichkeit schließt die Renditen-Reihenfolge mit ein. Zum Trost: Das betrifft alle guten Geldanlagen und die menschliche Existenz überhaupt. Egal, was wir tun: Wir müssen damit leben, dass es für unsere Zukunft keine Garantien und keine genauen Prognosen gibt. Unsere Zukunft ist gnadenlos wie hoffnungsvoll offen. Wir haben nur die Chance, im Voraus (ex ante) so zu handeln, wie es unsere Vorstellungen von Rationalität zum Zeitpunkt unserer Entscheidungen nahelegen, und im Nachhinein (ex post) zu resümieren, ob es hingehauen hat. Dabei werden wir mal erfreut und mal erschüttert sein. Ich setze hier, wie in der Einleitung erwähnt, auf möglichst viele Daten und theoretisch einleuchtende Erklärungen, die von wissenschaftlicher Seite ohne Interessenkonflikte angeboten werden. Ich setze darauf. Aber ich vertraue nicht darauf in einem strengen Sinne des Wortes. Doch welche seriöse Alternative gibt es, um die eigene Geldanlage anzugehen? Die Reihenfolge unserer Jahresrenditen jedenfalls müssen wir als Bestandteil der unvorhersehbaren Zukunft hinnehmen wie das Wetter.

Faustformel für die eigene Risikotragfähigkeit

Rein formal kann man die eigene psychische Risikotragfähigkeit heuristisch so bestimmen: Die Aktienbörse kann jederzeit locker um 50 % einbrechen und jahrelang im Minus verharren. Wenn ich 20 % temporären Buchverlust meines gesamten Anlagevermögens toleriere, dann darf ich folglich nur 40 % davon risikoreich in Aktien investieren und muss den Rest risikoarm parken. Also immer das Doppelte (aber nicht mehr als 100 %!). Das ist natürlich nur eine Faustformel. Wie gesagt: Kontrollverlust. Du kannst es dir als Schieberegler vorstellen: Je weiter er nach links in Richtung „risikoarm" geschoben wird, desto geringer sind die kurz- und mittelfristigen Schwankungen (Volatilität) und auch die Rendite. Je weiter du ihn nach rechts bewegst zu „risikoreich", desto höher sind diese Schwankungen und die langfristige Rendite. Am Anfang ist das alles sehr aufregend. Nach einiger Zeit aber hat man sich daran gewöhnt und findet zu einer gesunden, heiteren Schicksalsergebenheit.

Eine sehr persönliche Anmerkung: Ich glaube, dass der risikoreiche Anteil in der Ansparphase 50 % nicht unterschreiten sollte und für einen unter 50-jährigen Normalarbeitnehmer in Deutschland problemlos 75 % und noch mehr, bis zu 100 %, betragen kann. Liegen die monatlichen Sparraten bei 150 Euro oder weniger, würde ich ohnehin einfach die gesamte Summe risikoreich anlegen. Nur so gibt es eine ausreichend große Chance, sich nach zum Beispiel 30 Jahren über ein ordentliches Vermögen zu freuen. Aber: Das ist meine Meinung. Du musst für dich eine Gewichtung finden.

Wir können die Aufteilung deines Geldes, die wir bereits kennengelernt haben, jetzt präzisieren:

1. Notgroschen
2. Konsumgroschen
3. Anlagevermögen
   a) risikoreich
   b) risikoarm

Nachdem du in den ersten Schritten erfahren hast, wie man Not- und Konsumgroschen sowie das Anlagevermögen bestimmt, kannst du jetzt auch entscheiden, wie groß a) und b) deines Anlagevermögens sein sollen. Im Folgenden geht es darum, für beide Teile die optimale Investition zu definieren.

Schritt 4

Passives Investieren in ein ETF–Weltportfolio verstehen und als überlegen anerkennen

Was ist aktives und passives Investieren?

Ganz grundsätzlich gibt es auf den Kapitalmärkten zwei verschiedene Anlagestrategien, zwei Schulen, zwei Kirchen: Aktiv vs. Passiv. Schätzungsweise über 95 % aller angelegten Gelder werden aktiv gemanagt. Die unabhängige Kapitalmarktforschung jedoch legt passives Investieren nahe. Aktives Investieren dürfte die Anlagestrategie sein, die die meisten Laien mit den Kapitalmärkten verbinden. Ich vermute, dass in dem zu Recht angenommenen zeitlichen und geistigen Aufwand einer der Gründe liegt, weshalb der normale Privatanleger entweder gar nicht an die Börse will oder seine Investments lieber „Profis" überlässt. Hier kann ich, wie gesagt, Entwarnung geben: Es ist wissenschaftlich hinreichend belegt, dass aktives Investieren nicht zuverlässig funktioniert und passivem klar unterlegen ist, obwohl das schwer zu glauben ist. Weshalb dann so viele Vermögensverwalter trotzdem aktiv investieren, ist ein Kapitel für sich – aus Platzgründen aber nicht in diesem Buch.

Aktives Investieren bedeutet:

a) Asset Picking: Der Anleger versucht, durch verschiedene Analysen – fundamental an betriebs- und volkswirtschaftlichen Kennzahlen in Bezug zum Aktienkurs oder technisch/psychologisch am Kursverlauf – so mit einzelnen Wertpapieren zu handeln, dass er eine nach seinem eingegangenen Risiko korrekt gewählte Benchmark im selben Zeitraum übertrifft, also mehr Rendite einfährt als dieser Vergleichsmaßstab. Meistens konzentriert er sich auf Aktien, in diesem Fall spricht man von Stock Picking: Der Investor analysiert ein einzelnes Unternehmen und seine Umwelt, berechnet einen „fairen Preis" für die Aktie („Kursziel") und entscheidet daraufhin, ob er kaufen, halten oder verkaufen sollte.

b) Market Timing: Der Anleger versucht durch verschiedene Analysen und/oder feste Regeln (z. B. automatisch verkaufen, wenn ein Investment 20 % gefallen ist) genau dasselbe mit einzelnen Branchen oder Regionen, zum Teil auch mit der ganzen Welt.

Es geht beim aktiven Investieren in beiden Fällen darum, auf Basis kurz- und mittelfristiger Prognosen optimale Zeitpunkte für den Einstieg in einzelne Unternehmen, Branchen/Sektoren oder auch die Welt zu finden, quer durch alle Anlageklassen, und danach clever wieder auszusteigen, um die nächste Investitionschance zu recherchieren und so einem simplen, marktbreiten Kaufen-und-Halten-Ansatz überlegen zu sein.

Passives Investieren bedeutet:

Passives Investieren ist das direkte Gegenteil vom aktiven: Man kauft den vernünftig investierbaren Weltaktienmarkt zu niedrigen Kosten und hält ihn langfristig. Anhand der Aufteilung des Anlagevermögens in risikoreich (renditeorientiert) und risikoarm (sicherheitsorientiert) schildere ich die Unterschiede.

a) Risikoreicher Teil

Im Einzelnen investiert in meinem Sinne passiv, wer im risikoreichen Teil

- mindestens – um mal eine persönliche Hausnummer zu nennen – 1.000 Unternehmen jeder Größe und Branche aus allen Industrie- und Schwellenländern im Depot hat.

- nach dem Buy-and-Hold-Prinzip agiert, also kauft, weiter kauft und jedes gekaufte Wertpapier stur mindestens 15 Jahre hält.

- die einmaligen und laufenden Kosten des Investments minimiert.

Das sind die drei goldenen Regeln der Geldanlage, mit denen ein normaler Privatanleger dem in der Wissenschaft zirkulierenden Marktportfolio unter vertretbarem Aufwand am nächsten kommt. Ja, es fehlen Anleihen, Rohstoffe, Gold, Direktinvestments in Immobilien aller Art, natürlich auch Beteiligungen an nicht-börsennotierten Unternehmen. All diese Dinge lassen sich reflektieren. Ich bin zu dem Schluss gekommen, dass sie, abgesehen vielleicht von Staatsanleihen, grundsätzlich nicht notwendig, für die meisten Anleger sogar falsch und außerdem der Zielsetzung dieses Buches abträglich sind. Vertiefendes findet der entflammte Anleger in den Literaturhinweisen in Schritt 10.

b) Risikoarmer Teil

Hier soll man in kurzlaufende (maximal 3 Jahre) Staatsanleihen sehr hoher bis höchster Bonität in der Heimatwährung des Anlegers bzw. einen passenden ETF sowie andere, ebenso sichere zinstragende Anlagen investieren. Z. B. Tages- und Festgelder, jedoch pro Institut und Person nicht mehr als die gesetzlich gesicherte Einlagenobergrenze. Der sichernde Staat sollte sehr hohe bis höchste Bonität aufweisen.

Im risikoarmen Teil geht es explizit um Sicherheit, nicht um Rendite. Wer hier die Rendite optimiert, wendet, gemessen am Ertrag, in der Regel zu viel Zeit auf und geht zu viel Risiko ein, macht den risikoarmen Part also risikoreich. Zusätzlich empfinde ich es als beruhigend, dass die hier angelegten Gelder für schwere Notfälle relativ schnell ohne große Abschläge verfügbar sind, auch wenn man sie eigentlich nicht dafür vorgesehen hatte. Es spricht jedoch meines Erachtens auch nichts dagegen, hier mit Festgeldern zu arbeiten, sofern die Zinsen attraktiv genug und die sonstigen Kriterien (Einlagensicherung) erfüllt sind. Der risikoarme Teil hat einzig und allein die Aufgabe, das Gesamtrisiko des Weltportfolios nach deiner Risikotragfähigkeit zu regulieren. Er soll gar keine Rendite bringen. Meistens wird er nach Abzug von Inflation, Kosten und Steuern sogar eine negative Rendite einfahren, man verliert also Kaufkraft. Das ist der Preis für Sicherheit — es war immer so und wird immer so bleiben, mit gelegentlichen temporären Ausnahmen.

Obwohl Anleihen den meisten Privatanlegern intuitiv näher stehen als Aktien, da sie verzinste Kredite darstellen, weisen sie durch ihre von vorn herein auf Handelbarkeit ausgelegte Struktur eine größere Komplexität auf. Für die meisten deutschen Privatanleger wird keine unbedingte Notwendigkeit bestehen, sich lange vor ihrem Ruhestand näher mit Anleihen und mit Anleihe-ETFs zu befassen, da es für den risikoarmen Teil bis zur Höhe der Einlagensicherung gute Alternativen zu ihnen gibt (eben Tages- oder Festgelder) und die Finanzwissenschaft sich einig ist, dass Anleihen, auf die die in diesem Absatz dargestellten Eigenschaften zutreffen, gemessen an den Schwankungen, zu den sichersten Anlageformen gehören, die dieser Planet zu bieten hat. Die Einigkeit der Wissenschaftler schafft zumindest für mich genügend Anfangsvertrauen, um mich nur gegebenenfalls intensiver mit ihnen auseinanderzusetzen. Ein weiteres Eingehen darauf, was es genau mit Anleihen auf sich hat und warum die hier genannten als so sicher eingestuft werden, ist daher im Rahmen eines kurzen Ratgebers nicht notwendig. Im Internet gibt es dazu hervorragende Informationen. Ich persönlich finde Anleihen noch langweiliger als Aktien, weshalb ich mich um das Thema etwas herumdrücke.

Wie gesagt: Tagesgeld bis zur Höhe der Einlagensicherung eines Staates mit Top-Bonität in der eigenen Heimatwährung tut es auch.

Die Gewichtung der beiden Parts, des risikoreichen und des risikoarmen, ist für den passiven Anleger die wichtigste Entscheidung, die er treffen muss und auf deren Einhaltung er am intensivsten achten sollte. Denn das Verhältnis zwischen beiden Teilen bestimmt im Wesentlichen die erwartete Rendite und das Risiko des Gesamtportfolios und muss von jedem Anleger individuell für sich festgelegt werden. Basis dafür ist die Risikotragfähigkeit, die wir schon kennengelernt haben. Sie wird sich im Laufe des Lebens immer wieder verändern.

Zur abschließenden Veranschaulichung eine Gegenüberstellung der unterschiedlichen Grundhaltungen von aktiven und passiven Investoren.

Der aktive Investor muss folgende Überzeugungen haben: „Die Aktien dieses einen Unternehmens X oder der Branche/Region Y werden in Zukunft überdurchschnittlich gut performen, weil der Markt eine aktuelle Unterbewertung leider nicht erkennt, ich aber schon und der Markt dann bald auch. Es wird keinen stärkeren Wettbewerber geben, keine großen Management-Fehler, keine gravierenden politischen Hemmnisse, keine finanziellen Engpässe, keinen Absturz der Branche oder wichtiger Kernmärkte, keine externe oder interne Kriminalität, die ich nicht jetzt schon vorhersehe, allgemein kommt Pech nicht vor, keine bösen Überraschungen. Zudem wird die allgemeine Weltwirtschaft auch irgendwie voranschreiten. Alles wird sich mindestens so erfreulich entwickeln, wie der Vorstand oder mein Glaskugel-Guru oder meine neueste, superfundierte, hyperplausible Strategie es verheißen, was der Markt aber eben noch nicht checkt. Nachdem der Markt den Kurs dann auf oder gar über das von mir berechnete

Level gehoben hat, werde ich wieder einer der Allerersten sein, die dann die vorliegende faire Bewertung bemerken. Ich werde rechtzeitig vor dem nächsten Absturz verkaufen und neue Gelegenheiten identifizieren. So schlage ich den Markt. Und das kriege ich über Jahrzehnte zuverlässig hin."

Der passive Investor ist dagegen ein sehr bescheidener Warmduscher: „Die Weltwirtschaft wird in den nächsten 50 Jahren wohl laufen und mit ihr die Unternehmensgewinne. Globale kommunistische, anarchistische oder andere meine perfiden Pläne durchkreuzende Revolutionen werden ausbleiben, genauso wie der allgemeine Weltuntergang, und die Märkte werden auch in einigen Jahrzehnten weiterhin von der Überzeugung geleitet sein, dass das noch eine Weile so weitergeht, allen kurzfristigen Panikattacken zum Trotz. Falls doch alles kollabiert und mein Portfolio wertlos wird, ist es auch egal, denn in diesem Szenario habe ich, haben wir alle ganz andere Probleme als das. Bricht der Weltaktienmarkt, also die börsengehandelte Weltwirtschaft, auf Nimmerwiedersehen in sich zusammen, werden alle anderen Anlageklassen ebenfalls betroffen sein und ich kann mich mit Flinte und Dosen verschanzen, um in Büchern über Selbstversorgung und -verteidigung zu schmökern. Vermutlich aber werden wir wirtschaften, solange wir diese Erde bevölkern. Schlimmer als im 20. Jahrhundert, diesem wilden, brutalen, blutgetränkten, von Existenzangst im Weltmaßstab geprägten und von zahlreichen Verwerfungen durchzogenen Megakatastrophen-Jahrhundert, wird es wohl nicht kommen, und da sprach, genau wie im bisherigen 21. Jahrhundert, alles für die Strategie, die ich verfolge. Ich beneide unsere Nachfahren in 400 Jahren, denn sie werden, so alles gut geht, über noch besseres empirisches Börsenwissen verfügen als wir, aber ich lebe jetzt und baue auf die vorhandenen Erkenntnisse, denn etwas Überzeugenderes haben wir nicht."

Aktives und passives Investieren schließen einander aus: Entweder ist Passiv überlegen, dann gibt es keinen rationalen Grund für Aktiv. Oder umgekehrt. Meine Meinung kennst du inzwischen. Natürlich kannst du mit einem winzigen Teil des Depots zum Spaß Einzelaktien traden. Du solltest dir nur nichts vormachen: Das ist pures Glücksspiel. Also fange am besten gar nicht erst an, ökonomisch fundiert klingende Gründe für deine Entscheidungen anzuführen. Und sei sehr vorsichtig: Börse treibt Menschen locker in Sucht und Ruin, sie frisst die kleinen Teufel. Du kannst es nicht lassen, hast Schmacht auf einen Zock? Eine Regel könnte lauten: Zu Beginn werden 5 % deines Anlagevermögens zum Herumdaddeln verwendet. Sind sie verloren, unterbricht die Party, bis 5 % deiner Neuansparungen eine ausreichend große Summe zum Investieren bilden. 95 % aber fließen brav ins passive Investment. Und bleiben dort, werden nicht aufgelöst, niemals ins Action-Portfolio umgeschichtet. Was ich mit den 5 % tun würde: eine hochvolatile Mini-Firma kaufen mit einer Marktkapitalisierung unter 200 Millionen Euro. Oder ein gerade abgestürztes Unternehmen, das ich witzig finde. Oder eines mit lyrischer Story, die gerade eben so nicht nach Betrug klingt.

Was ist ein ETF?

Passives Investieren funktioniert für 99,9 % aller Anleger nur mit so genannten Indexfonds, die in Deutschland in der Form von ETFs existieren und einem vorgegebenen Wertpapierindex folgen. „ETF" steht für „Exchange Traded Fund", es ist demnach ein börsengehandelter Fonds: Man kann ihn wie andere Wertpapiere und im Gegensatz zu klassischen Fonds zu den üblichen Handelszeiten an der Börse kaufen und verkaufen. ETFs funktionieren nach demselben Grundprinzip wie alle Investmentfonds: Viele Anleger werfen ihr Geld in einen Topf und beauftragen einen Dritten, das Vermögen zu verwalten. Es ist in Anteile gesplittet, von denen jeder Anleger eine seinem investierten Betrag entsprechende Anzahl hält. Verändern sich die Kurse der Wertpapiere, die im Fonds liegen, reagiert der Wert der einzelnen Fondsanteile. Kommt ein neuer Anleger hinzu, wird das von ihm eingezahlte Geld investiert und er erhält eine entsprechende Anzahl Fondsanteile zu dem zum Kaufzeitpunkt geltenden Kurs. Es existieren dann, sofern nicht andere Anleger parallel mehr Geld aus dem Fonds ziehen, insgesamt mehr Fondsanteile als vorher. Während klassische Fonds einmal täglich einen Kurs für ihre Anteile feststellen, zu dem sie mit der Fondsgesellschaft gehandelt werden können, geschieht dies bei ETFs fortlaufend während eines Handelstages. In Deutschland gilt: ETFs sind fast immer Indexfonds, sie folgen „passiv" einem vorab festgelegten Index. Klassische Fonds sind eigentlich immer aktiv gemanagt. Deshalb werden die Begriffe „ETF" und „Indexfonds" hierzulande häufig synonym gebraucht, was, obwohl faktisch berechtigt, theoretisch falsch ist: Die technische Struktur eines Fonds – ETF oder Nicht-ETF – ist von seiner Anlagestrategie – aktiv gemanagt oder passiv an einem Index klebend – grundsätzlich unabhängig. Traditionelle Indexfonds, die nicht an der Börse gehandelt werden, wurden in den 1970ern erfunden und ETFs Anfang der 1990er. Sie sind also kein glitzerndes, neues Anlageprodukt, sondern schon ziemlich etabliert. Seit ihrer Geburt haben sie diverse Härtetests in Form gigantischer Börsencrashs hervorragend bestanden und so ihre Robustheit unter Beweis gestellt, was natürlich nicht heißt, dass ETFs Börsenabschwüngen trotzen, sondern dass die Struktur von ETFs keine besonderen Probleme verursacht. ETFs sind rechtlich identisch mit klassischen Investmentfonds, doch neben ihrer Handelbarkeit an der Börse gibt es einen wesentlichen strategischen Unterschied, den ich schon genannt habe: ETFs sind fast ausschließlich Indexfonds, das heißt, sie bilden die Entwicklung eines jeweils definierten Index ab, statt einzelne Wertpapiere aktiv auszusuchen, um mehr Rendite als der Markt zu erzielen. Es gibt also kein kostenintensives Fondsmanagement im eigentlichen Sinne, das versucht, den Markt zu schlagen. Stattdessen folgt der

ETF strengen Regeln und wird nur daran gemessen, wie gut er seinen Referenzindex abbildet. Ein ETF soll möglichst eng an ihm liegen, in guten wie in schlechten Zeiten. Mit einem Aktien-ETF legt man sein Geld in ganzen Märkten an, indem man über einen einzigen Fonds in zahlreiche Unternehmen investiert, die in ihrer Gesamtheit die Wertentwicklung des Referenzindex nachvollziehen sollen. Solch ein Index wird wiederum von einem anderen Unternehmen nach festgelegten Regeln berechnet. Unter Anlegern bekannt sind vor allem MSCI und FTSE. Weil „FTSE" übrigens nicht so locker über die Lippen geht wie die englische Version von „MSCI", nennt man das Unternehmen in der Szene häufig „Futsi". Falls du diesen kakophonischen Ausdruck in dem Kontext also einmal hörst: Er ist nicht despektierlich gemeint. An solche Unternehmen zahlt der ETF-Anbieter Gebühren, um ihre Markennamen verwenden zu dürfen und die Daten zu erhalten, die er benötigt, um den Index replizieren zu können. Ein Index ist grundsätzlich einfach zu verstehen, am Beispiel eines Aktien-Index: Nach transparenten und oft über lange Zeiträume unveränderten Regeln werden kontinuierlich Unternehmen ausgewählt und gewichtet, deren Aktienkurse in der Summe die Entwicklung des Index bestimmen. Die Auswahlkriterien für die Unternehmen sind ein Gemisch aus Wirtschaftswissenschaft, Finanzmarktkenntnissen und pragmatischer Wertung.

Für den Handel mit ETF-Anteilen wurde der so genannte Creation-Redemption-Prozess entwickelt, von dem Privatanleger nichts sehen und den sie meines Erachtens nicht im Detail kennen müssen. Er sorgt dafür, dass der ETF kostengünstig zu Kursen gehandelt werden kann, die eng am tatsächlichen Wert der im ETF enthaltenen Wertpapiere liegen. Der ETF-Kurs hängt technisch in den allermeisten Handelsmomenten fast gar nicht davon ab, wie viele Anleger Anteile an ihm kaufen oder verkaufen wollen, sondern vor allem von seinen so genannten Underlyings, also den Werten, in die er investiert – wie es ja auch sein soll. Vom ETF-Anbieter beauftragte Partnerunternehmen übernehmen diese

Aufgabe. Sie stehen beim Handeln zwischen dir und ihm, indem sie im Falle einer erhöhten Nachfrage nach einem ETF entsprechende Wertpapierkörbe an der Börse kaufen, sie dem ETF-Anbieter übergeben und dafür von ihm neue ETF-Anteile erhalten, die sie den Käufern dann übertragen (Creation). Gibt es umgekehrt ein großes Angebot an ETF-Anteilen, wollen also viele Anleger ihre Anteile verkaufen, nehmen sie sie ab, geben sie dem ETF-Anbieter zurück, erhalten von ihm die entsprechenden Aktien, verkaufen sie und zahlen die Verkäufer aus. Daneben gibt es natürlich auch den regen Handel mit bestehenden ETF-Anteilen. Kommt es zum selben Zeitpunkt zu Abweichungen zwischen dem Wert der im ETF liegenden Wertpapiere, dem so genannten Nettoinventarwert bzw. Net Asset Value, abgekürzt NAV, und dem Wert des ETFs an der Börse, ist es für die Partnerunternehmen attraktiv, diese Unterschiede für sich auszunutzen – und sie so zu nivellieren. Das allerdings funktioniert in seltenen, kurzen, besonders wilden Momenten nicht immer optimal. Ich reagiere auf dieses Risiko mit zwei Vorkehrungen: 1. Durch die Wahl von Indizes für die Musterportfolios mit überwiegend sehr gut bis ausreichend handelbaren (liquiden) Wertpapieren und einem vernünftigen ETF-Angebot. 2. Durch die Empfehlung, in besonders volatilen Börsenphasen nicht zu handeln. Diese Vorkehrungen wiederhole ich später, sodass du sie gebündelt mit anderen Empfehlungen zum Handeln noch einmal bekommst. Lass dich von den tatsächlich gehandelten Stückzahlen eines ETFs, die du auf manchen Websites findest, nicht abschrecken: Das an der Börse ermittelte Handelsvolumen eines ETFs ist nur eine von drei seiner Liquiditätsquellen. Es gibt noch den außerbörslichen Handel, über den die Marktmacher ebenfalls Liquidität für den Börsenhandel bereitstellen können. Und am wichtigsten: Da ETF-Anteile, wie beschrieben, neu geschaffen und zurückgenommen werden können, spielt die Liquidität der Basiswerte, also z. B. der Aktien in einem Aktien-ETF, die größte Rolle. Die Aktien der in diesem Buch verwendeten Indizes bzw. der auf sie lautenden

ETFs sind, wie gesagt, sehr gut bis ausreichend handelbar. Sowohl Index- als auch ETF-Anbieter haben ein Interesse an ihrer hohen Liquidität, damit man sie auch in großen Volumina gut handeln kann. Solltest du größere Ordervolumen von weit mehr als 100.000 Euro haben, kannst du dich noch einmal von Profis beraten lassen. Mögliche Ansprechpartner: dein Depot-Anbieter, die Börse, der ETF-Anbieter. Oder du stückelst das Volumen in z. B. 50.000er-Einheiten und kaufst notfalls über mehrere Tage. Kostet mehr Gebühren, aber die bewegen sich bei derartigen Ordergrößen prozentual im kaum messbaren Bereich. Juristisch sind die in einem ETF liegenden Wertpapiere, wie bei anderen Publikumsfonds auch, so genanntes Sondervermögen, das streng getrennt ist von der Bilanz des ETF-Anbieters. Der ETF-Anbieter ist quasi nur der Fondsmanager und kann das Vermögen nicht für sich selbst verwenden, etwa im Falle der eigenen Insolvenz. Bisher ist noch kein ETF-Anbieter bankrottgegangen. Ich vermute, dass man in solch einem Falle einige Tage seine ETF-Anteile nicht handeln könnte, bis ein Konkursverwalter oder ein übernehmender Wettbewerber zur Stelle ist. Das Vermögen der Anleger wird nicht direkt vom ETF-Anbieter, sondern von einer dritten Partei, der Depotbank des ETF-Anbieters, verwahrt, damit es auch technisch klar von ihm getrennt ist. Sie übernimmt übrigens im Falle einer Pleite des ETF-Anbieters interimsweise die Verwaltung des ETF-Vermögens. Eine Pleite dieser Stelle würde das Anlegervermögen ebenfalls nicht antasten, es ginge dann über zu einem anderen Treuhänder. Gleiches gilt für den Depot-Anbieter des Anlegers. Auch er kann das ETF-Vermögen seiner Kunden nicht nutzen, er ermöglicht nur den Handel mit ETF-Anteilen. Zugriff hat er auf die ETF-Anteile ohnehin nicht, da sie beim so genannten Zentralverwahrer liegen, und auch seine Pleite tastet das Anlegervermögen nicht an.

Der Sondervermögen-Status ist ein fundamentaler Unterschied zu vielen anderen Geldanlageprodukten, die in Deutschland zum Beispiel in einem Versicherungsmantel verkauft werden, und auch zu Bankeinlagen auf dem Giro-, Tages- oder Festgeldkonto. Bankeinlagen sind in Deutschland nur bis zu einer Höchstgrenze von derzeit 100.000 Euro pro Person und Institut vom deutschen Staat garantiert. Unter besonderen Umständen sind es bis zu 500.000 Euro, maximal 6 Monate nach Zahlungseingang. Bankguthaben jeder Art über diese Grenze hinaus ist aus Sicht der Kunden grundsätzlich ein unbesicherter, niedrigverzinster Kredit an einen Schuldner von mittlerer bis schlechter Bonität, geschäftsmodellbedingt durch den hohen Fremdkapitalanteil in der Bilanz der Bank (zu dem dein Geld gehört). Also nicht vorteilhaft. Richtig verstanden: Das Geld auf deinem Konto hast du der Bank, bei der du das Konto hast, geliehen, du hast ihr einen Kredit gegeben. Es gehört dir nicht im eigentlichen Sinne, ist also kein „Guthaben", sondern ein Vermögenswert in Form einer Forderung an die Bank. Etwas überspitzt formuliert: Du spekulierst darauf, dass diese Bank ein guter Schuldner ist bzw. ein guter Schuldner (z. B. der deutsche Staat) notfalls einspringt.

Wer einen Aktienfonds kauft – darunter fallen auch Aktien-ETFs –, gibt sein Stimmrecht für die Hauptversammlung der im Fonds liegenden Unternehmen an die Fondsgesellschaft ab. Vielleicht liegt hierin ein schönes politisches Zukunftsthema. Ich kann mir bei einem Fondsanbieter nämlich nie sicher sein, welche Agenda er auf der Hauptversammlung „meiner" Unternehmen verfolgt und ob es auch die meine ist. Allzu viel Angst wiederum, dass mir daraus gravierende Nachteile erwachsen, habe ich auch nicht. Nur damit du es mal gehört hast: Der ETF-Anbieter agiert hier oft auf Anraten so genannter Proxy Advisors, deren Interessenkonfliktfreiheit nicht immer als hinreichend gesichert gelten darf.

Man kann auch mit ETFs aktiv investieren. Das ist für viele erst einmal schwer zu verstehen: ETFs sind eigentlich immer ein passives Investmentprodukt – sie folgen stumpf einem vorgegebenen Index, kein teures Fondsmanagement trifft pseudoschlaue

Entscheidungen –, können aber für aktives Investieren eingesetzt werden. Das klingt dann so: „Ich glaube, Brasilien kommt im nächsten Jahr! Her mit dem ETF auf den brasilianischen Aktienmarkt!" Aus Sicht der Wissenschaft verbietet sich das jedoch strikt. Ein Großteil der ETF-Anleger ignoriert das Verbot, weshalb das in ETFs investierte Vermögen viel größer ist als das Vermögen, das auf passive Anleger entfällt. Für passive Anleger sind die allermeisten ETFs nutzlos und der typische Umgang mit ihnen falsch. Deshalb sagt der Satz „Ich kaufe jetzt auch ETFs!" wenig über jemanden aus. Meine persönliche Erfahrung ist: Viele Menschen glauben, bestimmte Produktgruppen zu kaufen, sei eine Strategie. Tatsächlich sind Produktgruppen und einzelne Produkte nur besser oder schlechter geeignet, um eine zuvor festgelegte Strategie umzusetzen. Natürlich läuft die Strategie des passiven Investierens auf die Nutzung bestimmter ETFs hinaus. Wer diese ETFs aber kauft, ohne die Strategie und ihre Gründe verstanden zu haben, begibt sich in die Gefahr, den Verführungskräften des aktiven Investierens nachzugeben, was ihn auf die Verliererseite des Marktes stellt. Im Laufe dieses Kapitels erkläre ich daher die wichtigsten Argumente für passives Investieren.

Inwiefern ist aktives Investieren schlechter als passives?

Treten ein aktiver und einen passiver Anleger mit identischem Investitionsbetrag gegeneinander an und es gewinnt derjenige, der damit 15 Jahre später nach Kosten und Steuern den höchsten Vermögensendwert erzielt, dann bekommt in etwa 90 % der Fälle der passive den Pokal, mit riesigem Abstand und weit weniger Risiko, Aufwand und Stress. Der passive Anleger steckt Geld schlicht in das bestehende Portfolio, sorgt ab und zu kurz für Ordnung und lässt ansonsten die Börse ihren üblichen Börsenkram machen wie in den letzten Jahrhunderten auch. Ich will auf Rendite und Risiko, die beiden entscheidenden Faktoren, im Folgenden näher eingehen.

a) Geringere Rendite

Passives Investieren schlägt aktives risikogewichtet im Schnitt um rund 1 bis 4 Prozentpunkte pro Jahr, je nach Stil des aktiven Anlegers. Es kann auch mehr sein. Bei einer Jahresrendite des Weltaktienmarktes von vielleicht 7,5 % fehlen einem aktiven Anleger also bis zu über 50 % der möglichen Rendite. Nehmen wir konservativ an, dass aktives Investieren 3 % bringt und passives 5 % (nominal). Nach 30 Jahren sind aus einmalig 10.000 Euro beim aktiven Investieren gut 24.000 Euro geworden. Beim passiven über 43.000 Euro. Rund 80 % mehr.

Obwohl ein ETF explizit nicht das Ziel hat, den Markt, also den Durchschnitt, zu schlagen, werden langfristige Anleger eines breit diversifizierten ETF-Weltportfolios überdurchschnittliche Renditen einfahren, verglichen mit denen von Anlegern in klassischen, aktiv gemanagten Fonds und – wohl sogar noch deutlicher – mit Anlegern, die selbst direkt Asset Picking und Market Timing betreiben. Dazu im Folgenden drei Fakten über aktiv gemanagte Fonds, die empirisch sehr gut belegt sind und für jedes aktiv verwaltete Portfolio gelten.

1. Eine gewaltige Mehrheit der aktiv gemanagten Fonds schlägt ihren korrekt gewählten Benchmark-Index nach Abzug aller Kosten sehr eindeutig nicht. Sie verbleiben klar weiter darunter als ein entsprechender ETF auf diesen Index. Ab Betrachtungszeiträumen von 10 Jahren geht die Quote der Verlierer stramm in Richtung 90 % bis 100 %. Das gilt für alle Marktphasen: Boom, Crash oder zuckende Seitwärtsbewegung.

2. Die wenigen, denen es in einem einzelnen Zeitraum gelingt, den Markt zu schlagen, sind mit überwältigender Wahrscheinlichkeit in den darauffolgenden identischen Zeiträumen nicht mehr unter den Überperformern, son-

dern eher sogar bei den Losern. Die Gruppe der Portfolios, die den Markt schlagen, setzt sich zufällig zusammen. Es ist nicht vorhersehbar, welche Fonds dazugehören werden, weshalb es auch unmöglich ist, die wenigen jährlichen Gewinner vorher systematisch herauszupicken.

3. Bis man mit hinreichender Wahrscheinlichkeit davon ausgehen kann, dass ein Fonds auf Basis von überlegenen Fähigkeiten zuverlässig den Markt schlägt, müssen, je nach seinen genauen Ergebnissen, viele Jahrzehnte oder sogar Jahrhunderte vergehen – die wir leider nicht haben. Und selbst dann ist es nicht gesagt, dass die Erfolgssträhne anhält. Alle anderen Top-Performances sind sowieso mit ziemlicher Sicherheit reiner Zufall und nicht prognostizierbar. Die typischen, oft sogar getricksten 5-Jahres-Charts, die man in den Marketingunterlagen der Finanzindustrie und leider auch in vielen Finanzmedien zu sehen bekommt, taugen absolut nicht zur Bewertung eines Fonds. Sie sind sogar schädlich. Sie zu ignorieren, tut dem eigenen Vermögen gut.

Aktiv gemanagte Fonds können ihr Nutzenversprechen nicht halten. Sie entwickeln sich langfristig schlechter als simple ETFs auf ihren Benchmark-Index. Die Finanzindustrie bemüht sich seit Jahrzehnten nach Kräften, diese wissenschaftlich zigfach belegten und erklärten Fakten zu verschleiern oder so zu tun, als wäre das alles vorbei und würde zukünftig ganz anders laufen.

Anleger eines Fonds haben oft eine noch geringere Rendite als der Fonds selbst. Das liegt daran, dass sie erst dann in ihn investieren, wenn der Zenit – seiner und/oder der des Marktes – überschritten ist, weil sie am Tiefpunkt verkaufen und zu spät wieder einsteigen. Nennt sich Performance Chasing oder prozyklisches Verhalten. Daran trägt der Fonds keine Schuld, es ist in diesem

Zusammenhang aber ebenfalls bemerkenswert. Das Übel verdoppelt sich hier: Nicht nur der Fonds folgt einer aktiven und damit schlechten Anlagestrategie, sondern der Fondsanleger selbst behandelt seine Fondsanteile aktiv.

Es scheint eine unwiderstehliche Anziehung zu Fonds – ob aktiv oder passiv – mit starker Performance in jüngerer Zeit zu geben. Ich kenne einige Anleger, die unter allen verfügbaren ETFs diejenigen auswählen, die in den letzten Jahren am besten performt haben, um dann im Turnus von ein, zwei oder drei Jahren erneut zu wechseln. Sie begehen also mit ETFs den gleichen Fehler, der ihnen schon bei aktiv gemanagten Fonds unterläuft.

Zu den Ergebnissen der Privatanleger am Kapitalmarkt, die selbst direkt in einzelne Aktien investieren, gibt es Studien, die zu ähnlich katastrophalen Ergebnissen kommen. Sie performen oft noch schlechter als die aktiv gemanagten Fonds, obwohl sie keine laufenden Kosten für das Fondsmanagement bezahlen müssen. Sie schauen nicht so genau hin, verdrängen ihre miserablen Ergebnisse hervorragend, überbewerten ihre Coups und vergleichen sich nicht mit dem richtigen Markt, weshalb sie sich häufig für echte Cracks halten, die ganz schön was von Aktien verstehen.

b) Höheres Risiko

In jeder relevanten Risiko-Kategorie schneidet aktives Investieren schlechter ab als passives.
Größere Schwankung (Volatilität): Der Anleger muss renditegewichtet unterwegs viel größere durchschnittliche Ausschläge nach unten ertragen.
Tieferer Tiefpunkt (Maximum Drawdown): Der in Aktien angelegte Teil eines aktiv gemanagten Portfolios geht bei einem Crash häufig tiefer in die Knie und erholt sich langsamer von seinen Abstürzen.

Warum hat aktives Investieren eine geringere Rendite und ein höheres Risiko als passives?

a) Kosten und Steuern

1. Transaktionskosten

Aktives Investieren führt insgesamt zu höheren Transaktionskosten (Kauf- und Verkaufskosten) als passives, da es einen deutlich größeren Depotumschlag aufweist. Ein alter Börsenspruch ist ausnahmsweise wirklich brauchbar: Hin und her macht Taschen leer. Ein aktiver Investor handelt häufiger und muss jedes Mal dafür bezahlen. Investiert er außerdem in aktiv gemanagte Fonds, fallen oft zusätzlich ein Ausgabeaufschlag von bis zu 5 % und seltener ein Rücknahmeabschlag an. Die Kaufkosten eines ETFs betragen einen Bruchteil dieses Wertes.

2. Laufende Kosten

Aktives Investieren hat höhere laufende Kosten, wenn es in Form von aktiv gemanagten Fonds geschieht. Die TER (Total Expense Ratio = Gesamtkostenquote) eines ETF hängt von verschiedenen Faktoren ab und liegt im Regelfall bei den für unsere Zwecke relevanten ETFs zwischen 0,2 % und 0,4 % pro Jahr, Tendenz fallend. Ein aktiv gemanagter Fonds kann leicht locker 1 Prozentpunkt mehr veranschlagen, gerne auch darüber. 1 Prozentpunkt klingt nicht viel? Schauen wir uns einmal die Zahlen an.

Startkapital: 10.000 Euro

Jährliche Sparrate: 4.000 Euro

Laufzeit: 35 Jahre

Jahresrendite	4 %	5 %	6 %
Vermögensendwert	334.000	416.000	523.000
1 Prozentpunkt weniger	270.000	334.000	416.000
Differenz	64.000	82.000	107.000
Abzug in %	19,2	19,7	20,5

Ich habe einen Vermögensendwert für realistische Jahresrenditen angenommen und darunter notiert, was herauskommt, wenn sie jeweils 1 Prozentpunkt pro Jahr niedriger ausfallen. Die Angaben sind auf volle Tausender gerundet, um eine schnelle Übersicht zu gewährleisten. 1 Prozentpunkt, den du z. B. aufgrund von höheren Kosten jährlich weniger einfährst, wirkt sich gewaltig auf dein Vermögen am Ende deiner Sparphase von 35 Jahren aus. Du hast in diesem Beispiel rund 20 % weniger, was in absoluten Zahlen viele zehn- oder sogar über hunderttausend Euro sein können. Der (negative) Zinseszins-Effekt schlägt voll zu. Deshalb lohnt sich Kostenreduktion. Und 1 Prozentpunkt ist sehr, sehr vorsichtig gerechnet, wie gesagt. Bei aktiv gemanagten Fonds kommen zu der TER außerdem nochmal Transaktionskosten innerhalb des Fonds. Die fallen auch beim ETF an, allerdings deutlich weniger. Das vergrößert die Differenz. Ist dein Produkt noch weiter verpackt, wird es schlimmer. Je größer der Kosten-Unterschied, deine Sparsummen und die Anlagedauer sind, desto eindrucksvoller ist das Ergebnis.

3. Steuern

Aktives Investieren verursacht höhere Steuerabgaben. Ein kaum bekannter Renditetreiber des für passive Investoren unbedingt notwendigen Buy-and-Hold (kaufen und langfristig halten) ergibt sich aus der nachgelagerten Besteuerung von Aktienerträgen: Bevor ein ETF verkauft ist, fallen nur sehr niedrige Steuerabgaben an. Fas alle Erträge, die die Staatskasse eigentlich für sich reklamiert, verbleiben im Portfolio und tragen damit zur weiteren

Rendite bei. Man muss sich das richtig klarmachen: Ein langfristiger (ETF-)Anleger darf mit Geld weiterinvestieren, Rendite einfahren und Rendite auf die Rendite, also alle Annehmlichkeiten des Zinseszinseffektes genießen, das eigentlich längst vom Staat einbehalten worden wäre, wenn es gerecht umsetzbar wäre und für ihn sinnvoll wäre, was es aber nicht ist. Warren Buffett nennt das ein „zinsloses Darlehen vom Staat". Aktive Anleger haben diesen Steuervorteil nicht oder nur in einem deutlich geringeren Maß. Denn sie handeln mehr, realisieren somit auch mehr Gewinne. Und wenn Gewinne realisiert werden, muss man sie versteuern. Natürlich müssen auch die durch Buy-and-Hold auf diese Weise zusätzlich entstandenen Gewinne eines Tages versteuert werden. Aber ohne Buy-and-Hold hätte es diese Gewinne nie gegeben, weil das Finanzamt die Basis dafür vorher abgeschöpft hätte. Über 20 oder 30 Jahre hinweg lässt sich so im Vergleich mit einem aktiven Anleger die effektive Steuerlast maßgeblich senken bzw. die Rendite erhöhen.

b) Arithmetik des aktiven Investierens

Alle Anleger zusammen bilden den Markt und produzieren die Marktrendite, also den rechnerischen Durchschnitt. Den investierten Geldeinheiten, die die Marktrendite übertreffen, stehen logischerweise investierte Geldeinheiten gegenüber, die sie in der Summe im gleichen Maß unterbieten. Die Marktrendite ist also die (statistisch) erwartete Rendite für aktive wie für passive Investoren – vor Kosten und Steuern. Da aktives Investieren immer teurer ist als passives, ist die Gruppe der passiven Anleger nach Kosten und Steuern zwangsläufig erfolgreicher als die der aktiven. Passives Investieren muss im Durchschnitt eine höhere Netto-Rendite einfahren als aktives. Je länger der Betrachtungszeitraum, desto ausgeprägter ist der Vorsprung, was viele Studien zeigen. Das gilt mit mathematischer Notwendigkeit und hängt nicht von weiteren Annahmen ab.

c) Informationseffizienz der Märkte

Aktienmärkte sind weitgehend informationseffizient. Jede öffentlich zugängliche Information ist binnen kürzester Zeit – (Bruchteile von) Sekunden, Minuten, maximal wenige Stunden – in den Kursen gespiegelt und von diesem Punkt an irrelevant für weitere Kursentwicklungen. Der Markt hat sich entschieden, wie er reagieren will, und mit der Information abgeschlossen. Sie kann später nur noch im Zusammenhang mit dann neuen Informationen wieder relevant werden, muss es aber nicht.

Informationen sind nicht nur harte Fakten, sondern auch Interpretationen, Erwartungen, Vermutungen, Hoffnungen, Ängste etc. Das alles beeinflusst den Marktpreis. Er zeigt den Kurs an, auf den sich alle Akteure durch ihre urteilsgetriebenen Käufe, Verkäufe und Handlungsenthaltungen „geeinigt" haben. Alle dem Markt überlegenen Strategien, die bekannt werden, sind, sofern überhaupt vorhanden, ebenfalls eingepreist, da sie kopiert werden und so ihre Wirkung verlieren (wegarbitriert werden). Falls es also Strategien gibt, die systematisch den Markt schlagen, werden wir sie voraussichtlich entweder nicht kennenlernen oder sie sind wirkungslos, sobald auch wir als private Kleinanleger davon Wind bekommen. Das bedeutet, dass man mithilfe von öffentlich zugänglichen Informationen nicht systematisch Wertpapiere oder Regionen/Branchen finden kann, deren Aktien mehr Rendite erzielen als der korrekt gewählte Referenzmarkt. Alles ist ab dem Moment des Bekanntwerdens bereits in den Kursen enthalten. Wenn ein Privatanleger von etwas hört, ist es auf jeden Fall längst durch – egal wie gut er sich informiert fühlt und wie schnell er handelt. Mehr-Renditen, die natürlich jederzeit vorkommen, so genannte Outperformance, sind Zufall. Glückspilzen, denen es gelingt, den Markt zu übertrumpfen, stehen Pechpilze gegenüber, die ihn im selben Ausmaß unterperformen. Glück und Pech ist gleich wahrscheinlich. Nur durch wirklich neue Informationen bewegen sich die Kurse. Neu sind Informationen nur dann, wenn sie zufällig sind. Zufall ist ein anderes Wort für Glück und Pech. Aktienbörseninvestments sind, wie das ganze Leben, Glücksspiel. Mit dem gravierenden Unterschied zum üblichen Glücksspiel, dass es langfristig eine für den Markt insgesamt positive Gewinnerwartung gibt. Deshalb kann man sich darin intelligenter aufstellen, indem man jene Risiken managt, die sich auf Basis wissenschaftlicher Erkenntnisse managen lassen.

Ich setze darauf, dass die zufälligen Informationen in Zukunft lauten: Weltwirtschaft läuft, heute und morgen. Aktive Investoren sind auf viel fragwürdigere und weitergehende Zufallsinformationen angewiesen (siehe obige Skizze der unterschiedlichen Überzeugungen) und sie glauben auch nicht, dass die Kurse aus Zufall bewegt werden. Aktive Investoren sind überzeugt, Fehler des Marktes erkennen zu können, bevor er selbst sie erkennt und behebt. Jeder einzelne aktive Investor hält sich für schlauer als die anderen Hunderttausenden oder Millionen aktiven Investoren des Marktes. Passive Investoren hingegen glauben, dass das Ergebnis dieser vielen aktiven Anleger – der Marktpreis – die beste Schätzung für den „wahren", „fairen" Preis ist. Sie glauben nicht, etwas sehen zu können, das der Markt noch nicht, aber bald angemessen berücksichtigt.

Die Markteffizienzhypothese ist kontraintuitiv, auch mir fällt es schwer, sie bis in ihre letzte Konsequenz – Unmöglichkeit von systematischer Outperformance durch öffentlich zugängliche Informationen – zu akzeptieren. Letztlich überzeugen mich die empirischen Forschungen zur Rendite der breiten Masse der aktiven Marktteilnehmer sowie die hier angerissenen theoretischen Überlegungen aber doch zumindest davon, dass es wahrscheinlich nicht ich kleiner Privatanleger sein werde, der all die anderen Privatanleger da draußen und vor allem all die hauptberuflichen Spekulanten, dieses weltweite, hochqualifizierte Heer, dauerhaft aussticht – vom zeitlichen und geistigen Aufwand, dem erhöhten Stress und dem operativen Risiko (was wäre, wenn ich mich längere Zeit nicht um mein aktives Portfolio kümmern könnte?) ganz abgesehen. Wenn ich Aktien eines Unternehmens kaufe oder verkaufe, dann handele ich mit einem Gegenüber, das in der Regel eine andere Meinung zu der weiteren Entwicklung dieser Aktien hat als ich. Wahrscheinlich sitzt dort ein institutioneller Anleger mit riesigem, hochkompetentem Research-Team, mehr Macht zur Informationsgewinnung, schnellerem Börsenzugang und günstigeren Handelskosten. Und auch wenn der den Markt nicht zuverlässig schlägt, kann ich mir nicht anmaßen, mehr zu wissen und intelligenter zu analysieren als die Profis. Das hält mich vom Spekulieren ab.

Über das Ausmaß der Informationseffizienz der Kapitalmärkte ist sich die Wissenschaft noch nicht ganz einig, ziemlich sicher aber ist: Du als privater Kleinanleger bist höchstens aus Zufall besser als der Markt. Alles, was du über Unternehmen, Branchen, Länder weißt, ist für die Geldanlage kalter Kaffee, völlig wertlos. Selbst die Bereiche, in denen du beruflich tätig bist, schätzt du nicht besser ein als der Markt. Die einzigen Informationen, die wirklich Vorteile bringen würden – Insiderinformationen –, darfst du laut Gesetz nicht verwenden. Vergiss deine Prognosen. Vergiss alle Prognosen. Therapiere deine Prognoseritis. Rechts vom Chart ist jeder blind. Der richtige Zeitpunkt zum Investieren in den Gesamtmarkt ist, wenn Geld dafür da ist. Natürlich gibt es präzise und konkrete richtige Prognosen. Weil jederzeit alle möglichen Prognosen im Umlauf sind. Ein paar Treffer und das „Vergessen" der Irrtümer reichen oft, damit jemand einige Zeit in der Öffentlichkeit als Börsenstar herumgereicht wird. Das legt sich immer schnell. Doch selbst wenn er zehnmal Recht hatte, bewegt er sich im Bereich des statistisch Erwartbaren, also Zufälligen, und hat keinen Beweis seines Könnens erbracht. Dass Outperformance, also eine bessere Rendite als ein korrekt gewählter Vergleichsmarkt, fast immer Glück statt Können ist, deutet auch eine Beobachtung an, die sich in erstaunlich vielen Datensätzen der Welt machen lässt und eben auch bei der Geldanlage: Regression zur Mitte. Portfoliorenditen, nicht jedoch einzelne Aktien, pendeln vor Kosten und Steuern ab einem Beobachtungszeitraum von 5 oder 10 Jahren eng um den sehr langfristigen historischen Durchschnittswert des Marktes, zu dem die Vermögenswerte jeweils gehören. Und ist der Weltmarkt 10 Jahre lang über seinem Durchschnittswert gelaufen, besteht eine etwas über 50 % liegende Wahrscheinlichkeit, dass er sich in den folgenden 10 Jahren unterhalb dieses Wertes entwickelt. Also längst keine Gewissheit und Genauigkeit, die man ausbeuten könnte, aber eine klare Indikation: Mehr als Mittelwert ist bei der Rendite wohl nicht drin, außer durch Zufall. Das gilt eben auch für die Mehrheit der einzelnen Aktienportfolios. Statistisch gesehen, wird es immer wenige Dauer-Outperformer geben, das hat aber mehr damit zu tun, wie viele Menschen im Markt sind: Je größer die Gruppe, desto größer auch die Gruppe, die statistisch erwartet nach 10 Jahren zufällig in jedem Jahr Outperformance generiert hat. Doch auch diese Dauer-Outperformer regredieren vermutlich irgendwann wieder zurück, oft ziemlich brutal. Börsenstars steigen so schnell auf, wie sie danach verglühen.

d) Konzentration statt Diversifikation

Aktives Investieren setzt strategisch auf eine Konzentration des Portfolios, da nur so überhaupt die Chance besteht, den Markt zu schlagen. Das führt aus Sicht der Wissenschaft dazu, dass aktives Investieren zusätzlich zum so genannten systematischen Risiko ein unsystematisches Risiko eingeht. Unsystematisches Risiko zeichnet sich dadurch aus, dass es durch Diversifikation auszuschalten ist, weshalb der Markt es nicht honoriert. Das ist zum Beispiel das Risiko eines einzelnen Unternehmens: Es kann sehr vielen heftigen Störungen ausgeliefert sein, die in der Breite des Marktes keine Rolle spielen. Deshalb schwanken stark konzentrierte Portfolios tendenziell stärker als breit diversifizierte und haben trotzdem keine höhere erwartete Rendite. Ist das unsystematische Risiko durch eine wirklich globale Verteilung auf möglichst viele Branchen und Unternehmensgrößen wegdiversifiziert, bleibt das systematische übrig. Dies ist das Marktrisiko: Wenn der ganze Markt sinkt, tut das Portfolio es ihm gleich. Man kann es nicht eliminieren, man muss es tragen. Genau dafür wird man vom Markt bezahlt. Passive Anleger wollen nur dieses Risiko im Depot haben, deshalb betreiben sie eine maximale Streuung ihres Vermögens innerhalb von Haupt-Assetklassen (z. B. Aktien) und über Haupt-Assetklassen hinweg (z. B. zusätzlich Anleihen oder Bankeinlagen). Wer über 1.000 verschieden große Unternehmen aller Branchen und vernünftig investierbaren Weltregionen im Depot hat, muss sich nicht für die wirtschaftlichen Schieflagen einzelner interessieren. Als eines meiner Unternehmen, das nach seiner Gewichtung in meinen ETFs unter den Top 5 (von de facto ca. 8.000 Unternehmen) lag, an einem Tag um über 20 % abgerauscht ist, stieg mein Portfolio um 0,5 %. Ich habe den Kurssturz des einzelnen Papiers also anfangs gar nicht bemerkt und bin später nur durch Zufall darauf gestoßen. Mir war der Bericht dann aber zu langweilig – es ist ja sowieso immer dasselbe: Irgendetwas hat nicht so geklappt, wie es geplant war, und die Börsianer werten die Aktie ab. Ich habe mir einmal die Diversifikation eines ETFs auf den Weltaktienindex MSCI ACWI angesehen, der im nächsten Schritt bei der Auswahl der ETFs eine Rolle spielen wird. Natürlich können meine ermittelten Werte schwanken, doch um dir ein Gefühl für die Streuung über die Einzelunternehmen zu geben, hier einige Ergebnisse. Der ETF umfasste insgesamt rund 1.560 verschiedene Unternehmen, das waren nur etwas mehr als die Hälfte seines Referenzindex. Trotzdem lag seine Performance sehr nahe an seiner Benchmark.

So war das Fondsvolumen auf die einzelnen Unternehmen nach ihrer Größe verteilt (auf glatte Prozentpunkte gerundet):

Größe der Unternehmen	Anteil am Fondsvolumen	Durchschnittliche Gewichtung pro Unternehmen
Alle 1.560	100 %	0,06 %
Top 1	3 %	3 %
Top 10	15 %	1,5 %
Top 50	34 %	0,68 %
Top 100	45 %	0,45 %
Top 200	58 %	0,29 %
Top 300	66 %	0,22 %
Untere 1.260	34 %	0,03 %

Aus den Daten können wir sehen:

1. Im Vergleich mit einem typischen Privatanleger-Depot aus 20 Einzelaktien haben selbst die 10 größten Positionen von 1.560 jeweils einen um ein Vielfaches kleineren Anteil am Depot als alle 20 beim Einzelwertanleger, rechnerisch weniger als ein Drittel pro Unternehmen: 1,5 % zu 5 %.

2. Nach den Top 10 nimmt der Anteil der jeweils nächstgrößten Positionen sofort deutlich ab. Und es sei daran erinnert: Diese Unternehmen stammen aus der ganzen Welt und allen möglichen Branchen. Das ist ein hohes Maß an Risikostreuung – und es geht sogar noch besser.

Diese Diversifikation ist also kein Vergleich zum üblichen Kleinanleger-Depot: 3 bis 20 verschiedene Unternehmen überwiegend aus seinem Heimatland und vermutlich aus identischen bis ähnlichen Branchen, auf die man ständig achten muss. Falls der Anleger noch Fonds beigemischt hat, bilden diese nicht selten dieselben Unter-Assetklassen ab wie seine paar Einzeltitel (etwa deutsche Standardwerte aus DAX und MDAX) und tragen somit nur unzureichend zur Diversifikation bei. Selbst wenn man es wollte,

könnte man mit 20 Unternehmen keine maximale Streuung erreichen. Es reicht ja nicht einmal für alle Industrie- und Schwellenländer, von denen es, je nach zählweise, um die 50 gibt.

Die Rendite des Aktienmarktes wird übrigens wesentlich von einigen wenigen Unternehmen und Bruchteilen des Gesamtzeit-
raums gemacht. Wer die nicht erwischt, verpasst einen Großteil
der Party. Je mehr du aktiv investierst und handelst, also einzelne
Aktien kaufst und verkaufst, desto wahrscheinlicher ist es, dass
dir genau das passiert. Du wählst schlechte Ein- und Ausstiegs-
zeitpunkte und du hast genau die Aktien nicht im Depot, die den
Markt nach oben ziehen. Wer in die besten 4 % aller Aktien und
in den besten 4 % aller Zeiträume nicht investiert ist, senkt die
Wahrscheinlichkeit massiv, auch nur die Marktrendite zu erzielen.
4 % aller Aktien allein sorgen für die Marktrendite über dem bei
etwa 0 % liegenden Sparbuchzins, den 96 % aller Aktien in ihrer
Gesamtheit erwirtschaften. Für den Einfluss einzelner Handelstage gibt es Studien, die zu ähnlichen Ergebnissen kommen.
Wenn es also manchmal heißt, dass passive ETF-Anleger den
Nachteil ertragen müssen, alle Gammel-Aktien mitzuschleppen
und ohnmächtig jede Börsenbewegung mitzumachen, lässt sich
entgegnen, dass aktive Investoren noch viel anfälliger dafür sind,
überwiegend Gammel-Aktien einzusammeln und obendrein die
besten Marktphasen zu versäumen.
Die meisten ETFs sind für passive Weltportfolio-Investoren deshalb uninteressant, weil sie nicht ausreichend diversifizieren und
man so mit ihnen kein schlankes Welt-Depot mit geringem Be-
triebsaufwand bilden kann. Dazu zählen meines Erachtens alle,
deren Referenzindex nur aus wenigen Titeln besteht, etwa unter
100, und die womöglich zusätzlich ein großes Gewicht auf eine
Handvoll Titel legen. Das ist z. B. bei einem DAX-ETF der Fall
sowie allen Sektoren- oder Mode-ETFs: Demografie, Technolo-
gie, Digitalisierung, Dividenden-Renner, ETFs auf einzelne Branchen und was der Späße mehr sind und noch sein werden. Sie zu

kaufen, stellt eigentlich immer eine Form des aktiven Investierens dar und funktioniert daher nicht zuverlässig, sondern nur durch Glück. Zur Steigerung der erwarteten Rendite und Senkung des erwarteten Risikos taugen sie grundsätzlich nicht. Das mit den Branchen hat dich etwas überrascht, oder? Viele denken, dass Aktien aus „Zukunftsbranchen" doch ordentlich Rendite über dem Marktdurchschnitt bringen müssten. Tun sie aber nicht systematisch. Es gilt für branchengetriebenes Anlegen das, was ich in diesem Buch über aktives Investieren allgemein sage.

Fazit: Das Verhältnis des passiven Anlegers zur aktiven Riesenmasse des Marktes

Das ist ein Kennzeichen von passiven Buy-and-Hold-Weltportfolio-Investoren: Ihre Börsenstorys sind die ödesten und ihr Nachdenken über die Kapitalmärkte wirkt sedierend – spürst du schon diese leichte Schläfrigkeit und das Nachlassen der Konzentration? Wenn du ins Lager der passiven Investoren wechselst, gehörst du zu einer winzigen Minderheit, die von allen Seiten eines Besseren belehrt werden soll und großen Verführungen ausgesetzt ist. Die Finanzindustrie wird dich überwiegend von der wirklich passiven Strategie mit ETFs abbringen wollen, indem sie dich bei deiner Gier, deiner Angst und deiner Eitelkeit packt: „Sie können mehr haben als die Marktrendite. Im Crash kann ein Fondsmanager Verluste begrenzen, mit einem ETF rauschen Sie voll in die Tiefe. Sie sind doch nicht passiv und wollen Durchschnitt sein!" Darüber hinaus wird man dir allerhand scheinplausiblen Unsinn über angebliche Gefahren durch ETFs auftischen. Oder das Thema wird einfach ignoriert. Es ist nicht immer ganz leicht, auf Linie zu bleiben, wenn alle Welt um einen herum das Gegenteil postuliert, kräht, aufgeregt schreit. Der eigenen Disziplin soll darum der folgende Absatz dienen, von dem man mehr haben wird, wenn man ihn mit etwas Humor liest. Er ist sarkastisch, aber nicht zynisch oder böse gemeint.

Der passive Anleger stopft sich Watte in die Ohren, um schädliche Einflüsterungen nicht zu hören und um Jubel und Jammer der Börsen auszublenden. Er exekutiert einfach seine Strategie während der Jahrzehnte, verzichtend auf Aktien- oder Marktbewertungen und daraus abgeleitete Handlungsempfehlungen. Sobald er sich selbst bei einer Börsenprognose ertappt, gibt er sich innerlich eine kleine Ohrfeige. Bei den Börsenprognosen der anderen winkt er schon im Ansatz ab und findet sie so unsinnig, dass ihn der bittere Ernst und der auftrumpfende Eifer, mit denen sie vorgetragen werden, anrühren. Daher braucht er Börsennews oder Aktien-/Unternehmensanalysen nicht zu lesen; es ist ihm sogar klar von der Lektüre abzuraten, um sich nicht verrückt zu machen. Die Wissenschaft ist auf seiner Seite und über 95 % aller Anleger auf der anderen, in seinem privaten Umfeld mit dem typischen Selbstbewusstsein des Feierabend-Weltökonomen und Hobby-Analysten, der mit raunendem Aplomb und Schnittigkeit hochplausible, komplexe, fein gearbeitete Visionen oder apokalyptische Ängste verbreitet – die genauso nutzlos bis schädlich sind wie die seiner professionellen Pendants. Die Arroganz und Überheblichkeit des passiven Anlegers dienen jedoch nur dem Selbstschutz vor dem Sog des aktiven Investierens und sind auch bloß vorgespielt, da passive Anleger wissen, dass sie ohne die große Mehrheit der aktiven im Vergleich mit ihnen nicht so erfolgreich wären. Aktive Anleger sind eine Horde tragischer, romantischer Helden, die den Vorsprung der wenigen grauen, passiven Langweiler erst ermöglichen. Beide Gruppen sind paradox aneinander gekettet: Je größer die eine, desto stärker die andere. Der passive Investor ist den vielen aktiven aufrichtig dankbar, denn sie machen den Markt informationseffizient und opfern sich als Gruppe bereitwillig für seinen Sieg, denken aber, dass sie es für ihre eigene Sache tun, und wie Opfer kommen sie sich auch gar nicht vor, eher wie das Gegenteil. Das sichert ihren Bestand. Die Märkte werden umso informationseffizienter, je mehr Marktteilnehmer nicht an die Informationseffizienz glauben und so handeln, als gäbe es sie nicht. Der passive Investor, der nichts anderes will als die Marktrendite, wird, so glaubt er gut begründet, nach Steuern und Kosten zu den besten 20 oder sogar 10 Prozent aller Anleger gehören, bei weit weniger Stress, Aufwand und Risiko. Mit seinen Welterklärungen und Groß-Prognosen gestaltet er nicht seine Geldanlage, sondern traktiert seine Familie und Freunde wie jeder andere normale Mensch auch. Die Wahrscheinlichkeit, dass passive Investoren (wie gesagt: nicht gleichzusetzen mit ETF-Anlegern) eines Tages einen Anteil von weit über 90 Prozent haben, ist sehr gering bis null. Dann würde sich aktives Investieren wohl wieder lohnen und zahlreiche Nachahmer anziehen, sodass das System stets genügend aktive Investoren aufweist und damit wieder den passiven in die Hände spielt. Und selbst wenn nicht: Passives Anlegen würde auch dann sehr ordentliche Ergebnisse produzieren. Darüber hinaus ist es fraglich, ob ein Privatanleger den notwendigen Aufwand für aktives Investieren betreiben wollen würde und könnte oder ob ein Profi, der ihn leistet, die daraus entstehenden Rendite-Vorteile im vollen Umfang an die Privatanleger weitergäbe und sie nicht durch höhere Gebühren größtenteils für sich vereinnahmte. Außerdem wachsen ja immer wieder neue Generationen von Börsianern heran, deren Intuition ihnen aufträgt, aktiv zu investieren, und die sich in der Masse nicht ernsthaft mit der Geldanlage befassen. Nur wenige von ihnen wechseln irgendwann ins andere Lager und oft auch erst dann, wenn sie lange Jahre unter Inkaufnahme persönlicher Nachteile treuen Dienst an den passiven Investoren geleistet haben. Einen doppelten Dienst übrigens: Neben der Steigerung der Informationseffizienz haben sie mit ihren gebührenträchtigen Aktivitäten auch die Kassen der großen Finanzindustrie gefüllt, an der passive Investoren über ihre Aktien-ETFs selbstverständlich beteiligt sind. Das gilt natürlich für jeden, der sein Geld in Form von hohen Gebühren für schlechte Finanzprodukte an sie transferiert.

Was lässt sich pro aktives Investieren sagen? Es besteht eine winzige Chance, den Markt dauerhaft signifikant zu schlagen, und eine noch winzigere, damit reich und berühmt und darüber noch reicher zu werden. Aktives Investieren ist eine Tätigkeit für wirtschaftsaffine, irrationale Träumer, die private Altersvorsorge nicht nötig haben oder gerne mit ihr spielen. Passive Investoren hingegen befriedigen ihre Bedürfnisse nach Abenteuer in anderen Lebensbereichen.

Schritt 5

ETFs auswählen

Das passive Investmentportfolio besteht, wie du inzwischen weißt, aus einem risikoarmen und einem risikoreichen Teil. Nach der Festlegung der Gewichtung auf Basis deiner persönlichen Risikotragfähigkeit und dem Verständnis für die Überlegenheit des hier vertretenen Ansatzes geht es jetzt an die Produktauswahl.

1. Der risikoarme Teil des Portfolios

Tagesgeld

Auf einem Tagesgeld-Konto ist der risikoarme Teil gut aufgehoben, wenn es in der eigenen Heimatwährung bei einem Institut eröffnet wird, das der Einlagensicherung eines Staates unterliegt, dem von mindestens zwei Ratingagenturen Top-Bonität bescheinigt wurde. Natürlich nur bis maximal zur Höhe dieser Einlagensicherung. Deutschland ist derzeit ein solcher Staat. Vorsichtige Anleger setzen die Vermögensgrenze pro Bankinstitut sogar noch tiefer an, um auch bei einer Absenkung nicht negativ betroffen zu sein. Einen ETF braucht man hierfür also eigentlich nicht.

Staatsanleihen

Falls dein risikoarmer Part die Einlagensicherung so deutlich überschreitet, dass nicht einmal die Aufteilung auf mehrere verschiedene Bankinstitute praktikabel ist, dann heißt die Lösung: Staatsanleihen mit maximal 3 Jahren Restlaufzeit sehr hoher Bonität in deiner Heimatwährung, idealerweise von unterschiedlichen Emittenten (Staaten) und vorzugsweise als ETF, da dies den operativen Aufwand minimiert: Der ETF-Anbieter sorgt dafür, dass jederzeit die entsprechenden, oft auch hochpreisigen und daher schlechter austarierbaren Anleihen gekauft werden und das Gesamtportfolio stimmt. In der Finanzwissenschaft geht man davon aus, dass diese Lösung – entgegen den Intuitionen der meisten Privatanleger – genauso sicher oder, bei besonders kurzer Restlaufzeit von unter eineinhalb Jahren, noch sicherer ist als ein Bankguthaben innerhalb der gesetzlichen Einlagensicherung, das ein Staat mit Top-Bonität garantiert. Sicherer als ein Bankguthaben außerhalb der gesetzlichen Einlagensicherung ist es sowieso. Länger als ein paar Wochen oder wenige Monate haben Beträge über der Einlagensicherung bei einer Bank nichts zu suchen, sie sollten zügig auf mehrere Banken verteilt und/oder ausschließlich in Staatsanleihen umgeschichtet werden, wie dieser Abschnitt sie vorstellt.

Dabei kommt es wirklich auf jede einzelne der genannten Eigenschaften an. Staatsanleihen eines Landes mit Top-Bonität in deiner Heimatwährung, die länger als 3 Jahre laufen, sind definitiv nicht risikoarm. Staatsanleihen, die nicht in deiner Heimatwährung denominiert sind, beinhalten ein erhebliches Wechselkursrisiko. Staatsanleihen von Ländern mit mittlerer oder gar niedriger Bonität sind selbstverständlich spekulativ, da ein erhöhtes Ausfallrisiko besteht. Und eine Unternehmensanleihe ist niemals so sicher wie eine Anleihe des Staates, in dem das Unternehmen seinen Hauptsitz hat, und erst recht nicht so sicher wie die von Staaten mit Top-Bonität. Ich finde ETFs auf folgende Indizes für den risikoarmen Part interessant – die Namen von Indizes sind meistens schrecklich technisch, wie du jetzt sehen wirst:

a) FTSE EuroMTS Highest Rated Macro-Weighted Government Bond 1-3

Er enthält Staatsanleihen von mehreren europäischen Emittenten (Deutschland ist natürlich dabei) mit Top-Bonitäten, deren Restlaufzeit maximal drei Jahre beträgt und im Durchschnitt entsprechend kürzer ist. Mich reizt daran vor allem die Diversifikation, die in diesem Kontext zwar weniger wichtig ist als bei Aktien, aber dennoch gute Effekte hat.

b) eb.rexx Government Germany 0-1

Solange Deutschland seine sehr gute Bonität behält, könnte man einen ETF auf diesen Index ergänzen. Er beinhaltet nur deutsche Staatsanleihen mit maximal einem Jahr Restlaufzeit. Damit lässt sich die durchschnittliche Restlaufzeit der Anleihen im risikoarmen Teil gezielt verringern.

Die Gewichtungen im risikoarmen Teil zwischen Bankguthaben und den ETFs auf die einzelnen Indizes ist egal, denn sicher sind sie alle und nur darum geht es.

2. Der risikoreiche Teil des Portfolios

Der risikoreiche Part des Depots wird mit Aktien-ETFs gebildet. Hier soll die Rendite gemacht werden. Ziel ist es, den vernünftig investierbaren Weltaktienmarkt im Portfolio zu haben. Der besteht zum Zeitpunkt der Veröffentlichung dieses Buches aus rund 9.000 Unternehmen in 50 Industrie- und Schwellenländern, wenn man dem Indexanbieter MSCI folgt. Insgesamt gibt es weltweit etwa 50.000 börsennotierte Unternehmen. 41.000 davon kannst du von vorn herein ignorieren: Sie sind zu klein und damit nicht gut und günstig handelbar (illiquide) und/oder in Börsenregionen beheimatet, die nicht ausreichend reguliert sind und somit unüberschaubare Risiken sowie sehr hohe Kosten bergen. Mache dir nichts draus: Mit den 9.000 Unternehmen deckst du etwa 98 % der Welt-Marktkapitalisierung ab, und selbst von den 9.000 reichen weniger als die Hälfte, um sich fast die gesamte börsennotierte Weltwirtschaft ins Depot zu holen. Die genauen Zahlen können sich natürlich ändern, aber für eine Einschätzung der Größenordnungen taugen sie.

Der risikoreiche Teil des Weltportfolios lässt sich entweder nach Marktkapitalisierung oder nach dem Welt-BIP gewichtet umsetzen. Was bedeutet das und wo liegen die Unterschiede?

Marktkapitalisierung, manchmal auch als Börsenwert bezeichnet: Anzahl der Aktien eines Unternehmens multipliziert mit dem Kurswert einer Aktie. Die Summe der Marktkapitalisierungen aller börsennotierten Unternehmen in einem Staat ergibt seine Marktkapitalisierung. Wenn man das für alle Staaten macht und die Werte addiert, hat man die Welt-Marktkapitalisierung und kann den Anteil eines jeden Staates daran berechnen. Entsprechend bekommen die einzelnen Staaten und seine Unternehmen Gewicht in den Indizes und daraus folgend in den ETFs, die diese Indizes abbilden. Welt-BIP: „Weltbruttoinlandsprodukt" ist ein seltsamer Name, da ja die Welt kein durch wirtschaftliche Aktivitäten auffallendes Ausland kennt, bisher zumindest nicht. Es beschreibt die Summe aller Güter und Dienstleistungen, die die Staaten der Welt in einem gegebenen Zeitraum, meistens ein Jahr, produzieren. Der Anteil einzelner Länder am Welt-BIP ist natürlich sehr unterschiedlich. Auch nach ihm kann man die einzelnen Staaten im eigenen Portfolio gewichten.

Die beiden Größen weichen häufig stark voneinander ab. So haben die USA traditionell einen sehr großen Anteil an der Welt-Marktkapitalisierung, aber einen erheblich geringeren am Welt-BIP. Bei den Schwellenländern als Gruppe ist es derzeit umgekehrt: Sie machen nur einen geringen Teil an der weltweiten Marktkapitalisierung aus, haben aber im Vergleich dazu einen enormen Anteil am Welt-BIP. Aktienindizes sind normalerweise nach der Marktkapitalisierung gewichtet, aber der einzelne Anleger kann sein Portfolio so aufbauen, dass es eher in Richtung Welt-BIP geht. Die BIP-Gewichtung brachte in der Vergangenheit meistens signifikant höhere Renditen, sie verursacht aber auch mehr kognitiven und operativen Aufwand, weshalb ich das Konzept hier nicht weiter vertiefe. Das folgende Musterportfolio a) mit einem ETF ist nach Marktkapitalisierung aufgebaut, das Musterportfolio b) mit 3 ETFs liegt, grob gesagt, hinsichtlich der USA und der Schwellenländer zwischen einer Gewichtung nach Marktkapitalisierung und BIP. Das ist zwar weit entfernt von einer sauberen Durchführung auf Regionen- oder gar Länderbasis, aber dieser grobe Klacks lässt sich einfach ins Depot holen.

Zwei simple Musterportfolios für den risikoreichen Part

Jede der beiden folgenden Portfolio-Ideen steht abgeschlossen für sich. Sie bilden keine Einheit, sondern Alternativen. Mit den hier gewählten ETF-Depots hat man ein Weltportfolio, das automatisch alle Industrie- und Schwellenländer beinhaltet: Erlangt oder verliert ein Land den Status eines Industrie- oder Schwellenlandes, wird es in den richtigen Index geschoben und die ETFs passen sich entsprechend an. Du als Anleger musst dafür nichts machen. Bis zu einer Portfoliogröße von 100.000 Euro stellen aus meiner Sicht fünf ETFs die Obergrenze dar, es reicht aber bis dahin und darüber hinaus auch ein einziger. Später kann man weitere ergänzen, muss man aber nicht. Viele ETFs sind nicht zwangsläufig besser als wenige. Wenn man es komplex mag, dann bitte sinnvoll, und das heißt vor allem: wenig Überschneidungen. Andernfalls wird es schnell unübersichtlich und man muss mühsam rechnen, um zu erfahren, wie viel man in den Regionen, Branchen, Unternehmensgrößen und Unternehmen investiert hat und ob sich Klumpenrisiken eingeschlichen haben – das sind ungewollte, zu starke Übergewichtungen einzelner Positionen.

Etwas ungünstig kann es werden, wenn man bei seinen ETFs im risikoreichen Teil verschiedene Indexfamilien mischt, also etwa MSCI und FTSE, denn dabei können Länder unter den Tisch fallen und/oder eben sehr stark gewichtet sein, da diese Index-Anbieter leicht unterschiedliche Klassifikationskriterien haben. Also: Alle Aktien-ETFs sollten Indizes vom selben Indexanbieter abbilden. Du wirst gleich sehen: Eine Depot-Variante verstößt dagegen.

a) Für sehr faule Anleger

100 % des für den risikoreichen Teil vorgesehenen Vermögens in einen einzigen ETF auf den
MSCI All Country World Index (ACWI)
oder den
MSCI All Country World Investable Market Index (ACWI IMI)
oder den
FTSE All-World Index

Jährlicher Arbeitsaufwand: max. 1 Stunde

Mit einem einzigen Aktien-ETF kann tatsächlich der gesamte risikoreiche Teil gebildet werden. Man wird vermutlich eine leicht geringere Rendite als beim nächsten Portfolio haben, allerdings dafür keinerlei Aufwand beim schon genannten Rebalancing. Einfach einen ETF auf den MSCI ACWI beziehungsweise seine IMI-Ausführung wählen, in der die kleinen Unternehmen (Small Caps) zusätzlich enthalten sind. Für die IMI-Variante gibt es leider eine deutlich geringere ETF-Auswahl als für den Index ohne die kleinen Unternehmen. Das Fondsvolumen ist ebenfalls kleiner, sodass nur ein Bruchteil der grob 9.000 möglichen Unternehmen tatsächlich gekauft wird. Mir persönlich behagt das insgesamt weniger, daher würde ich die klassische ACWI-Version nehmen.
Schaue dir aber auch das Angebot auf den FTSE All-World an und mache dich mit dem Index vertraut. In der 1-ETF-Variante ist er derzeit sogar mein Favorit. Er ist eine attraktive Alternative

und liegt in der Abdeckung des Aktienmarktes der Industrie- und Schwellenländer, gemessen an der Marktkapitalisierung, zwischen dem MSCI ACWI IMI und dem „normalen" ACWI:

MSCI ACWI IMI: 99 %
FTSE All-World: 90 - 95 %
MSCI ACWI: 85 %

Falls du gerne einen größeren Schwellenländer-Anteil haben möchtest als die derzeit etwa rund 10 %, dann kannst du einen ETF auf den MSCI Emerging Markets (IMI) oder den FTSE Emerging Markets mit 20% Gewichtung ergänzen – in dem Fall wäre es auch nicht tragisch, wenn die beiden Indexfamilien gemischt werden. Dann hast du nicht mehr einen, sondern zwei ETFs im Depot und müsstest sie rebalancen.

In der Aufteilung deines Geldes sieht das jetzt so aus:

1. Notgroschen
2. Konsumgroschen
3. Anlagevermögen
   a) risikoreich: 1 ETF auf einen der hier genannten Indizes
   b) risikoarm: Tagesgeld und/oder Staatsanleihen-ETF zu den genannten Bedingungen

b) Für faule Anleger

50 %: Einen ETF auf Index MSCI World
Der Index enthält rund 1.600 große und mittlere Unternehmen aus Industrieländern.

20 %: Einen ETF auf Index MSCI World Small Cap
Der Index enthält rund 4.200 kleine Unternehmen aus Industrieländern.

30 %: Einen ETF auf Index MSCI Emerging Markets IMI
Der Index enthält rund 3.000 große, mittlere und kleine Unternehmen aus Schwellenländern.

Jährlicher Arbeitsaufwand: max. 2 Stunden

Das Anlageuniversum, das man im ersten Portfolio mit einem einzigen ETF abgedeckt hat, wird in diesem zweiten Portfolio auf drei ETFs aufgeteilt. Man investiert also in dieselben Aktien, allerdings in einer anderen Gewichtung. Die Anzahl der tatsächlich im Depot liegenden Unternehmen variiert durchaus, ist aber immer sehr hoch. Über die drei ETFs ist man, genauso wie mit dem einen ETF auf den MSCI ACWI IMI, an 99 % der Marktkapitalisierung in Industrie- und Schwellenländern beteiligt bzw. bildet man diese ab.

Ein Wort zu den Small Caps, den kleinen Unternehmen: „Klein" meint hier in den Dimensionen einer Börsennotierung. Das ist in der Regel nicht der Mittelständler mit 10 oder 50 Mitarbeitern, sondern, wenn der Titel messbaren Einfluss auf den Index ausübt, ein Unternehmen mit hunderten oder tausenden Angestellten und schnell Milliardenumsätzen. Wer tiefer in die Definition und Verteilung der Large, Mid, Small und Micro Caps (letztere sind für passive Anleger nicht sinnvoll investierbar) einsteigen möchte, der kann sich auf den Webseiten der Indexanbieter – in diesem Fall MSCI – über die Index-Berechnungen informieren. Small Caps sind in diesem Portfolio, gemessen an ihrem Anteil an der weltweiten Marktkapitalisierung, übergewichtet, da sie langfristig – mindestens 10 Jahre, eher mehr – oft eine höhere Rendite aufwiesen als Mid und Large Caps. Ob das in Zukunft so bleibt, weiß niemand.

Für Schwellenländer gilt etwas Ähnliches: Auf lange Sicht schlugen sie ein marktneutrales Depot, daher habe ich auch sie übergewichtet. Kurz- und mittelfristig können sie, wie die Small Caps, aber auch eine Bremse sein, manchmal ein Jahrzehnt. Das Übergewichten von Aktien mit bestimmten, wissenschaftlich mehr oder weniger als Renditetreiber identifizierten und erklärten Eigenschaften nennt sich Factor Investing. Die Theorie dahinter holt für mäßig interessierte Einsteiger jedoch zu weit aus, sodass ich es in dem Beispielportfolio mit der Übergewichtung von Small Caps und Emerging Markets gut sein lasse.

Bei den Schwellenländern denkt man schnell an Entwicklungsländer, die jedoch als Frontier Markets (Grenzländer) eine eigene Kategorie bilden und im Aktienportfolio nicht enthalten sind. Das bedeutendste MSCI-Schwellenland derzeit ist China, danach folgen mit größerem Abstand Taiwan, Südkorea, Indien und Brasilien sowie unter anderem auch Russland und Saudi-Arabien. Also grundsätzlich sehr respektable Volkswirtschaften. Auch sie sind in dem Portfolio, gemessen an der Marktkapitalisierung, übergewichtet, da diese Gewichtung näher an ihren Welt-BIP-Anteil rückt und sie, wie gesagt, zudem historisch bessere Renditen, aber auch größere Schwankungen aufwiesen – was natürlich auch keine Garantien für die Zukunft bedeutet. Auf jeden Fall gehören Schwellenländer essenziell zur Weltwirtschaft und sollten in einem globalen ETF-Weltportfolio nicht fehlen. Wer jedoch an ihre Überlegenheit nicht glaubt, kann ihren Anteil zugunsten des MSCI World reduzieren, sodass sich zum Beispiel folgendes Depot ergibt: 60 % MSCI World; 20 % MSCI World Small Cap; 20 % MSCI Emerging Markets IMI. Es kann passieren, dass einige Schwergewichte von einem Schwellen- zu einem Industrieland werden, ohne dass andere Schwellenländer neu hinzukommen, was, sowohl gemessen an der Marktkapitalisierung als auch am BIP, die Gewichtung der beiden Gruppen verändert. Auch in solch einem Fall kann eine Reduktion der Emerging Markets von 30 % auf 20 % sinnvoll sein. An dieser Stelle wichtig: Verliere dich nicht in den Prozentwerten. Letztlich ist die genaue Aufteilung des risikoreichen Parts nicht so wichtig. Wer keine Lust auf meine beiden hier vorgeschlagenen Verteilungen hat, sollte wohl die 1-ETF-Lösung wählen. Das wird sonst zu viel Aufwand für eine zu geringe Hoffnung auf eine Steigerung der Rendite. Anleger verzetteln sich bei der so genannten Asset Allocation oft und schieben die Gewichtungen minimal hin und her.

Ein Aspekt, der bei deiner Abwägung zwischen der 1-ETF- und der 3-ETF-Lösung berücksichtigt werden kann: Die 3-ETF-Variante verheißt bessere Produkte durch mehr Wettbewerb. Bei den institutionellen wie auch den Privatanlegern sind die Indizes MSCI World und MSCI Emerging Markets (IMI) beliebter als der MSCI ACWI (IMI) oder auch der FTSE All-World, weshalb hier ein härterer Wettbewerb herrscht und ein größeres Anlagevolumen liegt. Beides steigert tendenziell die ETF-Qualität. Die Entscheidung zwischen den beiden Portfolio-Varianten ist aber Geschmackssache. Für die meisten Anleger könnte die Bequemlichkeit der 1-ETF-Lösung das Zünglein an der Waage sein. Wenn du total begeistert mit dem 3-ETF-Portfolio startest und nach einigen Jahren den Antrieb verlierst, dann lasse es einfach in Ruhe und mache mit dem 1-ETF-Portfolio weiter.

In der Aufteilung deines Geldes sieht das jetzt so aus:

1. Notgroschen
2. Konsumgroschen
3. Anlagevermögen
   a) risikoreich: Insgesamt 3 ETFs, jeweils auf einen der 3 hier genannten Indizes
   b) risikoarm: Tagesgeld und/oder Staatsanleihen-ETF zu den genannten Bedingungen

13 Kriterien zur Auswahl der ETFs

Bei der konkreten ETF-Auswahl kann man, wenn man sich einmal für die hier genannten Indizes entschieden hat, nicht mehr viel falsch machen. Trotzdem habe ich nicht weniger als 13 Kriterien formuliert, die ein ETF meines Erachtens erfüllen sollte, um wirklich gut zu passen. Sie erleichtern die Auswahl. Zunächst die 13 Kriterien auf einen Blick, falls du sie als Checkliste gebrauchen willst, weiter unten dann Erklärungen dazu. Keine Sorge: Die Kriterien am Anfang der Liste lassen sich mit den gängigen ETF-Websites einfach anwenden, sodass der Rest für das verbleibende, übersichtliche Angebot schneller recherchiert werden kann.

1. Physische Replikation bzw. Optimiertes Sampling

2. Thesaurierend

3. Fondsvolumen über 100 Mio. Euro

4. Maximal 0,4 % TER (Total Expense Ratio)

5. Maximal 0,4 Prozentpunkte Tracking Difference

6. Niedriger Tracking Error

7. ETF gilt als Aktienfonds im Sinne des deutschen Steuerrechts

8. Maximal erlaubte Wertpapierleihe: 30 %; tatsächliche deutlich darunter

9. UCITS

10. Maximal 0,5 % Geld-Brief-Spanne

11. Sitz in Irland

12. ETF ist älter als 5 Jahre

13. ETF fährt eine Long-Strategie

Erläuterungen zu den einzelnen Kriterien

1. Physische Replikation bzw. Optimiertes Sampling

Es gibt zwei Arten, wie ein ETF seinen Referenzindex abbilden (replizieren) kann: synthetisch als so genannter Swap oder physisch mit dem häufigen Spezialfall des „Optimierten Samplings". Die Swap-ETFs kaufen nicht die eigentlichen Aktien ihres Referenzindex, sondern irgendwelche Papiere, und lassen sich die Wertentwicklung des Index von einem Partner garantieren, dem sie im Gegenzug die Wertpapierentwicklung ihres Aktienkorbes, des sogenannten Trägerportfolios, zusichern. Physisch replizierende dagegen kaufen den Index tatsächlich nach. Beziehungsweise eine ausreichende Teilmenge: Gerade bei Indizes mit vielen Unternehmen umfasst ein ETF nicht unbedingt alle Werte, sondern nur solche, mit denen er die Entwicklung der Benchmark ziemlich gut trifft. Das meint „Optimiertes Sampling" und spart gegenüber der vollständigen physischen Replikation Kosten. Es funktioniert erstaunlich gut.

Ich kann in den Swappern keinen echten Vorteil erkennen und fühle mich mit ihnen wegen ihrer für Laien merkwürdigen Funktionsweise nicht wohl. Von unabhängigen Experten wird das zusätzliche Risiko, das durch die Konstruktion dieser ETFs entsteht, zwar einhellig als gering eingestuft, doch eine eventuelle Mehr-Rendite durch Kostensenkung scheinen die Swapper nicht ausreichend und zuverlässig zu erzielen oder nicht an die Anleger weiterzugeben. Angesichts des leicht höheren Risikos, des nicht signifikanten oder nicht vorhandenen systematischen Vorteils, des deutlich größeren Beschäftigungsaufwandes zum Verstehen dieser Vehikel sowie des sehr guten Alternativangebotes finde ich es angemessen, einfach auf sie zu verzichten. So wie mir geht es den meisten Investoren. Der Marktanteil der Swapper ist viel geringer als der der physisch replizierenden.

2. Thesaurierend

Jährlich entscheiden börsennotierte Unternehmen auf ihrer Hauptversammlung (da treffen sich die Aktionäre bei Erbsen-suppe mit Bockwurst) über die Verwendung des von ihnen im abgelaufenen Geschäftsjahr hoffentlich erzielten Gewinns. Grundsätzlich lautet die Frage: Im Unternehmen belassen oder an die Aktionäre ausschütten? Die Ausschüttung heißt Dividende. Sie ist kein Extra-Geschenk und erst recht nicht mit einem Zins zu vergleichen, sondern sie wirkt für den Anleger ökonomisch wie ein Teilverkauf seiner Anteile: Im Moment der Ausschüttung reduziert sich der Kurs seiner Aktien unter sonst unveränderten Umständen in derselben Höhe. Das Unternehmen ist jetzt ja auch weniger wert. Diese Dividenden fließen den ETFs zu, in die du investiert bist. Manche ETFs schütten sie wiederum an ihre An-leger aus. Andere behalten sie, um sie zu reinvestieren. Diesen Vorgang nennt man Thesaurierung. Dabei vermehren sich nicht deine Anteile am ETF, sondern deine bestehenden Anteile verän-dern durch die Reinvestition auf Fondsebene ihren Wert. Kaufst du hingegen einen ausschüttenden ETF und legst die Dividenden selbst wieder in ihn an, dann kaufst du natürlich mehr Anteile. Ökonomisch – das ist wichtig – ist beides identisch.

Ich halte thesaurierende ETFs für passender als Ausschütter. Das automatisch vom ETF-Anbieter vollzogene Reinvestieren wird günstiger und früher möglich sein, als es der Privatanleger kann, was die erwartete Rendite steigert. Außerdem hat dieses Vorgehen langfristig steuerliche Vorteile durch die größtenteils nachgelager-te Besteuerung von Kursgewinnen, die man allerdings gegen die Steuervorteile beim eventuellen Ausnutzen des jährlichen Freibe-trages im Falle ausgeschütteter Dividenden verrechnen müsste, um eine korrekte Entscheidung zu treffen – doch das ist Klein-Klein und verursacht Aufwand sowie perspektivisch ein „doppel-tes" Depot: Bis zu einer bestimmten Vermögensgrenze wird das

Portfolio mit Ausschüttern gebildet, darüber hinaus mit Thesaurierern. Mehr ETFs (mindestens einer), mehr Rechnerei, mehr Steuerkram. Wer dennoch Lust darauf hat, die Rechnung sieht so aus: Angenommen, die Aktien-ETFs haben in der gewählten Gewichtung eine Dividendenrendite von 2 %. 2 % vom investierten Vermögen werden also jährlich als Dividende ausgeschüttet. Angenommen, der nutzbare jährliche Steuerfreibetrag beträgt 800 Euro. Also: 800 Euro = 2 % vom in Ausschüttern anzulegenden Vermögen. Ergibt: 40.000 Euro dürfen maximal in Ausschütter angelegt sein. Falls auf Dividendenerträge teilweise keine Steuern anfallen sollten, sieht die Rechnung am Beispiel einer 30-prozentigen Freistellung so aus: 800 Euro = 0,7 * 2% vom Höchstbetrag, der dann schon gut 57.000 Euro sein würde. Die Dividenden müssten dann zeitnah wiederangelegt werden, um keine Rendite zu verpassen. Nun hat der Aktienmarkt trotz der Dividendenzahlung langfristig die Eigenschaft, zu steigen, bei relativ stabiler Dividendenrendite. Würde man also 40.000 Euro in Ausschüttern anlegen, würde der Wert früher oder später über 40.000 Euro liegen und ein Teil der jetzt höheren Dividenden müssten versteuert werden. Das ist für die Rendite nicht so schön. Würde man Anteile von ausschüttenden ETFs verkaufen und in Thesaurierer umschichten, um unter der Grenze zu bleiben, fallen Transaktionskosten und Steuern auf alle damit erzielten Kursgewinne an. Das ist für die Rendite noch weniger schön. Und bei der Wiederanlage fallen erneut Transaktionskosten an. Auch nicht so toll. Wer mit deutlich weniger als 40.000 Euro beginnt, nutzt seinen Freibetrag nicht optimal aus. Das müsste man jetzt alles einmal ganz genau berechnen … Ich mache das aber nicht, da ich nach einem groben Überschlag ermittelt habe, dass der mutmaßlich erzielbare Vorteil bei der Netto-Rendite den Aufwand nicht wert ist.

Der Vollständigkeit halber: Statt über Ausschüttungen kann man den Steuerfreibetrag über Anteilsverkäufe mit anschließender Reinvestition nutzen. Das geht auch mit einem Thesaurierer. Man verkauft immer so viele ETF-Anteile, dass ein Gewinn in Höhe des Freibetrages entsteht, unter Minimierung der Gebühren und Beachtung der FIFO-Regel (First in – First out), nach der aus Steuersicht die zuerst gekauften ETF-Anteile auch als zuerst verkauft gelten. Anhand der jeweiligen Kauf- und Verkaufskurse wird der Gewinn ermittelt. Du ahnst schon: Auch diese Methode hat Schwächen, nämlich Aufwand, vor allem wenn schon mehrere solcher Verkauf-Wiederkauf-Runden durchgeführt wurden. Mehr als ein paar wenige Tausend Euro bewirkt diese Steueroptimierung nach 30 Jahren für den typischen Privatanleger nicht. Mir persönlich ist das, ich wiederhole mich, die Mühe nicht wert. Einnahmenerhöhung und Ausgabensenkung zwecks Steigerung des Investitionsbetrages scheint ein attraktiverer Weg zu einem größeren Vermögensendwert zu sein, als permanent seine Steuerabgaben mithilfe des Freibetrages zu minimieren.

Ausschütter benötigt niemand, um Geld aus seinem Portfolio zu bekommen, höchstens für die Psyche. Wer Geld aus seinem Portfolio braucht, kann Anteile verkaufen. Das ist, wie gesagt, ökonomisch dasselbe wie eine Entnahme über Dividenden, aber zielgerichteter. Einziger Nachteil: Verkäufe kosten Transaktionsgebühren. Dass die Dividenden-Einnahmen jedoch so hoch sind, wie man sie benötigt, und zum richtigen Zeitpunkt aus der unter Rebalancing-Gesichtspunkten richtigen Quelle fließen, ist unwahrscheinlich. Sind sie zu niedrig, muss man ohnehin zusätzlich Anteile verkaufen. Sind sie zu hoch, hat man unnötig steuerpflichtiges Cash aus dem Portfolio abgezogen und damit die Rendite wohl zu stark verringert bzw. produziert man Transaktionskosten bei der Wiederanlage.

Deshalb eignen sich Ausschütter eigentlich nicht. Für die Rendite einer Aktie bzw. der Fonds, die die jeweiligen Aktien kaufen, ist ohnehin nur die Gesamtrendite entscheidend: Kursgewinn + Dividende. Dividendenstarke Titel haben keine systematisch höhere Gesamtrendite als dividendenschwache oder dividendenlose. Eine hohe Dividendenrendite ist kein gutes Auswahlkriterium für ETFs, unabhängig davon, ob die Dividenden ausgeschüttet oder thesauriert werden.

3. Fondsvolumen über 100 Mio. Euro

Andernfalls ist die Gefahr größer, dass der Anbieter den Fonds schließt, weil er ihn nicht wirtschaftlich betreiben kann. Das kann nachteilig sein, auch in steuerlicher Hinsicht. Von ETF-Anbietern gibt es keine genaue, allgemeingültige Information, ab wann ein einzelner ETF für sie profitabel ist, und jenseits der reinen Profitabilität wirken auch strategische Überlegungen auf die Entscheidung ein, welche ETFs sie zur Komplettierung ihrer Produktpalette anbieten. Ich habe jedoch regelmäßig Summen von rund 25 Mio. Euro Fondsvolumen gehört. Bei mindestens 100 Mio. Euro lohnt sich ein Fonds für den ETF-Anbieter also auch im Falle eines längeren, größeren Börsenabsturzes mit den häufig noch damit einhergehenden Netto-Mittelabflüssen (Anleger ziehen sich aus dem Fonds zurück). Zur Erklärung: Das Fondsvolumen verändert sich aufgrund von zwei Faktoren: 1. Zu- und Abflüsse von Anlegergeldern, indem sie in der Masse Fondsanteile kaufen oder verkaufen. 2. Kursentwicklung der im ETF enthaltenen Wertpapiere.

4. Maximal 0,4 % TER (Total Expense Ratio)

Die Gesamtkostenquote (TER) eines ETFs ist eine gute Indikation, enthält jedoch nicht alle Kosten, das wäre die Tracking Difference (siehe den nächsten Punkt). Ich will bei der TER keine Werte über 0,4 % sehen, alles darüber wäre bei den ETFs, die für passive Weltportfolio-Investoren relevant sind, inakzeptabel. Manchmal werden die Kosten von ETFs nicht in Prozent, sondern in Basispunkten angegeben. 1 Prozent = 100 Basispunkte. Hat ein ETF eine TER von 0,09 % (das gibt es durchaus), kostet er also 9 Basispunkte.

Der ETF-Anbieter zieht diese Gebühren werktäglich aus dem Fondsvermögen. Nicht-Werktage werden zum nächsten Werktag gebündelt abgerechnet. Jeden Tag entweicht also 1/365stel der jährlichen TER auf Basis des an dem Tag vorliegenden Fondsvolumens automatisch aus dem ETF. Dieses Verfahren verhindert gegenüber einer einmaligen Abbuchung, dass Anleger unmittelbar vor dem Stichtag ETF-Anteile verkaufen und direkt danach wieder kaufen, um Gebühren zu sparen. Eine Rechnung erhältst du vom ETF-Anbieter nicht, den Abzug der TER bekommst du, wie bei aktiv gemanagten Fonds auch, nicht direkt mit. Aber er existiert natürlich.

5. Maximal 0,4 Prozentpunkte Tracking Difference

Die Tracking Difference gibt an, wie weit die Performance des ETF am Ende einer längeren Betrachtungsperiode (meistens 1 Jahr) von seinem Index abweicht. Ein ETF sollte meines Erachtens langfristig pro Jahr nicht mehr als 0,4 Prozentpunkte schlechter sein als sein Referenzindex.

Beispiel:
ETF-Referenzindex: + 10 %
ETF: + 9,6 %
Tracking Difference: 0,4 Prozentpunkte

In ihr sind TER und weitere Kosten enthalten wie z. B. Transaktionskosten für den Aktienhandel innerhalb des Fonds, also durch das weitgehend automatische Fondsmanagement. Letztlich hat der ETF mit der geringsten Tracking Difference die beste Rendite und umgekehrt. Sie kann immer nur rückwirkend berechnet werden. Das Fondsmanagement muss hier einfach einen guten Job machen. Die großen, erfahrenen Anbieter können das in der Regel gut, obwohl ich auch schon Enttäuschungen erleben durfte – aber keine gravierenden und nicht zu vergleichen mit den quasi vorprogrammierten Enttäuschungen aktiver Fonds. Am besten ist es, wenn du die Tracking Difference über mehrere Jahre vergleichen kannst. Dazu müssen die ETFs natürlich entsprechend alt sein. Falls die von dir verglichenen ETFs nicht dasselbe Alter haben, dann achte darauf, dass du sie nur für identische Perioden vergleichst. Ein 10 Jahre alter ETF und ein 5 Jahre alter sollten nur für die letzten 5 Jahre aneinander gemessen werden, da die vom Markt gegebenen Möglichkeiten eines ETFs, seine Tracking Difference zu minimieren, in jedem konkreten einzelnen Jahr unterschiedlich sind. Dabei interessieren sowohl die Einzeljahresvergleiche als auch die durchschnittliche Performance über diesen Zeitraum hinweg. Möglichst lange zurückreichende Daten können bei einem einzelnen ETF natürlich auch ohne vergleichbare Wettbewerber informativ sein, um ein Gefühl für die Schwankung der Tracking Difference zu bekommen. Sobald ich eine Tracking Difference sehe, die 0,4 Prozentpunkte übersteigt, jammere ich ein wenig vor mich hin und erinnere mich daran, wie übel die Kosten bei anderen Geldanlagen in der Gesamtheit sind und wie weit diese vor allem deshalb von einer korrekt gewählten Benchmark entfernt sind. Wenn die Tracking Difference eines ETFs, den ich kaufen möchte, in der Vergangenheit sehr hoch war und zusätzlich womöglich stark schwankte, dann würde ich unter Umständen sogar den Anbieter nach Gründen und Maßnahmen zur zukünftigen Minimierung fragen – wohl wissend, dass ihm meine Entscheidung weitgehend egal ist, weil ich nur ein einzelner privater Kleinanleger bin. Bekommt der ETF die Tracking Difference über 5 Jahre nicht in den Griff und entwickelt er sich in jedem Jahr deutlich schlechter als seine Wettbewerber, würde ich wohl zu einem Konkurrenten wechseln und den bisherigen quasi beitragsfrei stellen. Für eine bessere Übersichtlichkeit des Depots wäre natürlich zusätzlich eine Umschichtung der bisherigen Anteile gut – sie dürfte sich unter Berücksichtigung des dann verlorenen Zinseszinseffektes auf den dann verlorenen Steuerbetrag allerdings nur in den allerseltensten Fällen lohnen, daher hier keine genaue Rechnung dazu.

Es sollte nur die Tracking Difference von ETFs miteinander verglichen werden, die exakt auf denselben Index laufen. Häufig bilden ausschüttende ETFs einen Kursindex ab und thesaurierende die Total-Return-Net-Variante eines Index. Der Kursindex berücksichtigt in seiner Entwicklung keine Dividenden, die Total-Return-Net-Varianten berechnen Dividenden als wiederangelegt und ziehen davon die theoretisch maximalen Quellensteuern ab, die auf Fondsebene anfallen. Sie passen daher besser für Thesaurierer. Wenn jemand die Verläufe eines thesaurierenden ETFs und der Kursindex-Variante seines Referenzindex parallelisiert, um die Überlegenheit des ETFs zu zeigen, dann ist er unwissend oder will betrügen. Falls der ETF sehr viel besser als sein Index abschneidet, solltest du sofort misstrauisch werden, kritisch nachfragen und, falls die Outperformance auf diesen Trick zurückgeht, das Weite suchen, weil das ein klares Verdachtsmoment dafür ist, dass dich dein Gegenüber manipuliert, wo es nur irgendwie geht.

Ein ETF kann seinen Index übrigens auch schlagen. Dies liegt, neben Zufallstreffern im Portfolio, vor allem an Steueroptimierungen auf Fondsebene und der Wertpapierleihe: Viele ETF-Anbieter verleihen einen Teil ihres Aktienportfolios an andere, die damit spekulieren wollen. Näheres zu diesem Aspekt findest du in einem gesonderten Punkt auf den nächsten Seiten. Ich werde auch dann skeptisch, wenn ein ETF das deutlich schafft, denn das werte ich als Indiz (nicht als Beweis) für zusätzlich eingegangene Risiken, die ich nicht will. Dem würde ich kritisch nachgehen.

Daten zur Tracking Difference stehen in den offiziellen Informationen der ETF-Anbieter. Formel: Indexrendite minus ETF-Rendite. Manchmal lautet die Formel auch genau anders herum, sodass sich bei gleichem Ergebnis das Vorzeichen verkehrt. Es ist also nur eine andere Darstellung, was für dich heißt: Siehst du irgendwo Tracking Differences, dann schaue dir die zugehörige Berechnungsmethode an, damit du verstehst, ob ein ETF, der in deiner Informationsquelle einen Wert von z. B. 0,4 Prozentpunkten hat, besser oder schlechter war als sein Index.

6. Niedriger Tracking Error

Ähnlich zur Tracking Difference (TD), wird auch gerne verwechselt, ist aber doch etwas anderes, nämlich die Schwankungsbreite der TD in einem Betrachtungszeitraum. Der Tracking Error (TE) sagt aus, um wie viele Prozentpunkte (nicht Prozent) der ETF innerhalb des Betrachtungszeitraums (und nicht am Ende) börsentäglich durchschnittlich von seinem Index nach oben und unten abgewichen ist. Er ist somit eine Kennzahl zur Verlässlichkeit der ETF-Performance: Trifft der ETF immer ungefähr den Index oder streut er breit? Eine große Streubreite bedeutet größere Ausschläge um den Index herum, was beim Kaufen und Verkaufen von ETF-Anteilen nachteilig ist, da es eine Unberechenbarkeit beinhaltet. Es existieren wohl auch andere Definitionen des TE, er gibt jedoch immer Auskunft über die Renditekonsistenz des ETFs im Vergleich zu seinem Referenzindex innerhalb eines Betrachtungszeitraumes. Den in der Vergangenheit realisierten Tracking Error findet man im Jahresabschlussbericht eines Fonds. Je niedriger er ist, desto besser ist ein ETF gegenüber seinen Wettbewerbern. Falls dir dieser Punkt zu technisch ist: In der Regel ist der Tracking Error bei ETFs auf in diesem Buch gewählte Indizes kein Problem. Ich wollte ihn aber nicht unerwähnt lassen, da er zum ETF-Handel gehört und du bei deiner Recherche vermutlich auf ihn stößt.

7. ETF gilt als Aktienfonds im Sinne des deutschen Steuerrechts

Dafür benötigt er eine Mindestaktienquote von 51 %. Nur dann profitiert der Anleger von der am 1.1.2018 eingeführten 30-prozentigen Teilfreistellung der Gewinne von der Kapitalertragsteuer. Es mutet wie eine Selbstverständlichkeit an – wie soll ein ETF, der einen Aktienindex durch physische Replikation abbildet, denn keine Mindestaktienquote von 51 % aufweisen? Tatsächlich aber muss man manchmal schon sehr tief in den Verkaufsprospekten wühlen, um die Info zu finden. Die Gründe für diese Ungewissheit konnte ich nicht befriedigend erforschen. Nach meinem Eindruck bemühen sich die Anbieter jedoch, ihre ETFs in dieser Hinsicht für deutsche Anleger zu strukturieren. Trotzdem ein etwas unangenehmer Unsicherheitsfaktor, aber kein Drama. Zur Not einfach eine kurze Mail an den ETF-Betreiber schreiben mit der Bitte um Klärung, ob die favorisierten ETFs dieses Kriterium erfüllen oder dies zumindest in der Vergangenheit taten, und die Antwort dann abspeichern. Da es sich hier um ein vom Gesetzgeber abhängiges Kriterium handelt, solltest du vorab überprüfen, inwiefern es zum Zeitpunkt deines Investments noch gültig ist.

8. Maximal erlaubte Wertpapierleihe: 30 %; tatsächliche deutlich darunter

Viele Investmentfonds, ich sagte es bereits, verleihen gegen Gebühr und hohe Sicherheiten in Form von Aktien, Anleihen oder Barmitteln einen Teil ihrer Wertpapiere. Die Entleiher (institutionelle Investoren) nutzen sie vor allem, um sie sogleich zu verkaufen und später zu günstigeren Kursen wieder einzusteigen, damit sie sie an den Fonds zurückgeben können. Sie wollen mit dieser „Leerverkauf" genannten Praxis einen Gewinn aus fallenden Kursen ziehen. Daneben gibt es noch einige andere Motivationen von Entleihern: Absicherungen von Fondspositionen, Erhöhung ihres Gewichtes bei Hauptversammlungen, Arbitragegeschäfte. Mit anderen Worten: komplizierter Finanzkram, den ich auch nur begrenzt durchschaue, der für mich unter Rendite-Risiko-Gesichtspunkten zum Glück eher irrelevant und ohnehin kaum zu überprüfen ist (ethisch könnte man sicherlich über das eine oder andere reflektieren). Falls ein entliehenes Papier Dividenden oder Zinsen abwirft, schuldet der Entleiher diese dem Fonds. Die Wertpapierleihe ist kein Spezifikum von ETFs, man findet sie auch bei vielen aktiv gemanagten Fonds. Wertpapierleihgeschäft erhöht das Risiko eines Fonds, da der Entleiher eventuell seine Schulden nicht begleichen kann (Ausfallrisiko) und die hinterlegten Sicherheiten unter Umständen nicht ausreichen. Sie erzeugt auf der anderen Seite kleine Erlöse, die zum Teil an die Anleger ausgeschüttet werden. Natürlich ist kein ETF-Anbieter gezwungen, Wertpapierleihe zu betreiben, die meisten aber tun es. Da ein normaler Privatanleger das Risiko nicht einschätzen kann, ist sie vor allem eine Komplexitätserhöhung und damit ein Nerv-Faktor. Meines Wissens ist einem Privatanleger aus der seit Jahrzehnten praktizierten Wertpapierleihe noch nie ein Schaden entstanden und auch die UCITS-Richtlinien (siehe nächster Punkt) legen einige Standards für diese Geschäfte fest, die dort übrigens zu der Gruppe der so genannten Efficient Portfolio Management Techniques gehören. Die Praxis trägt sogar dazu bei, die Wertpapiermärkte informationseffizienter zu machen, was wiederum der Anlagestrategie hilft, die in diesem Buch vertreten wird. Trotzdem gibt es natürlich ein Risiko. Hier daher heuristische Ansprüche, die das Risiko begrenzen und die ETF-Auswahl nicht zu stark einschränken – gedacht als grobe Richtlinien zur Orientierung, nicht als harte Regeln:

1. Maximal erlaubte Wertpapierleihe: 30 % vom Nettoinventarwert (NAV) des ETFs. Die tatsächlich getätigte maximale Verleihung sollte so niedrig wie möglich sein.

2. Tatsächlich in den letzten 12 Monaten getätigte durchschnittliche Wertpapierleihe: Ein Drittel unter der theoretischen Maximalquote, bei 30 % also 20 %.

3. Tatsächliche Übersicherung der verliehenen Wertpapiere: Mindestens 105 % des entliehenen Wertes, börsentäglich geprüft und ggf. angepasst.

4. An den Anleger (an den Fonds) weitergegebener Anteil der Brutto-Erlöse aus Wertpapierleihe: mindestens 60 %.

5. Zusätzlich: Strenge Auflagen bei der Auswahl der Entleiher. Klare, enge Begrenzung der verliehenen Menge pro Entleiher. Hohe Anforderungen an die hinterlegten Sicherheiten. Rechtlich bindende Garantien des ETF-Anbieters für eventuelle Verluste.

Notfalls würde ich den ETF-Anbieter hierzu auch schriftlich befragen, falls seine vorauseilende Transparenz auf seiner Website zu wünschen übrig lässt und ich die Antworten auch nicht in den offiziellen Unterlagen finde.

Ein im Kontext von Wertpapierleihe erwähnenswertes ähnliches Treiben, das in Finanzmedien so gut wie nie thematisiert wird, sind Pensionsgeschäfte, bei denen der ETF-Anbieter die im Fonds liegenden Wertpapiere an einen Dritten verkauft und später zu einem festgelegten Preis wieder zurückkauft. Bei umgekehrten Pensionsgeschäften nimmt der ETF Wertpapiere von anderen in Pension, wechselt also die Rolle. Auch viele sehr beliebte aktiv gemanagte Fonds räumen sich das Recht ein, umfangreiche Pensionsgeschäfte zu tätigen, oft mit bis zu 100 % des Fondsvermögens. Sie sind demnach ebenfalls kein ETF-Spezifikum. Das tatsächliche Ausmaß dürfte jedoch deutlich geringer sein, bei ETFs sind diese Repo-Geschäfte meines Wissens sogar generell sehr unüblich. UCITS beinhaltet auch für sie Vorschriften, genau wie für Wertpapierleihe. Nach meiner Einschätzung sind sie ebenso risikoarm wie die Wertpapierleihe, meine Rücksprachen in der Finanzszene bestätigen diese Haltung. Daher empfehle ich dir, deinem ETF-Anbieter hier genauso auf die Finger zu schauen wie bei der Wertpapierleihe, sie aber nicht überzubewerten.

Abschließend eine weitere Überlegung zum Schutz gegen Verluste durch Wertpapierleihe und andere Geschäfte des ETFs: Für einen ETF-Anbieter wäre es ein enormer, vielleicht sogar existenzbedrohender Imageschaden, wenn seine Anleger, noch dazu die eines großen ETFs auf einen populären Index, selbst kleine finanzielle Einbußen durch Wertpapierleihe erlitten. Die Medien sowie die gesamte aktiv anlegende Finanzindustrie würden sich darauf stürzen und dafür sorgen, dass dieser Schaden nicht so schnell vergessen wird – vermutlich hätte es jahrelang einen negativen Einfluss auf die ganze ETF-Branche. Es besteht also bei den Akteuren ein starkes Eigeninteresse, das zu verhindern.

9. UCITS

Der ETF soll strenger Überwachung unterliegen. UCITS steht für „Undertakings for Collective Investments in Transferable Securities" bzw. auf Deutsch „Organismen für gemeinsame Anlagen in Wertpapieren" (OGAW) und ist ein Regelwerk, das Sicherheits- und Transparenzstandards zum Schutz des Anlegers formuliert. Publikumsfonds sind strenger reguliert als zum Beispiel Immobilien oder Versicherungen. Oft findet sich die werbeträchtige Buchstabenfolge bereits im Namen eines ETF, spätestens aber auf der Anbieter-Website und in den offiziellen Unterlagen wird man dieses Kriterium prüfen können. Ich glaube, dass hierzulande zum Vertrieb zugelassene ETFs ohnehin immer offiziell UCITS-konform sein müssen.

10. Maximal 0,5 % Geld–Brief–Spanne

Maximal ca. 0,5 % sollen zwischen dem Geld- und dem Briefkurs des ETF liegen. Zum Briefkurs kauft man, zum Geldkurs verkauft man. Merken kannst du es dir am besten so: Du kriegst für dein jeweils anstehendes Geschäft immer den schlechteren der beiden Kurse, du musst also zum höheren kaufen und zum niedrigeren verkaufen. Der Briefkurs (Kaufkurs) liegt etwas höher als der Geldkurs (Verkaufskurs), da anderweitig, zumindest vor Kosten und Steuern, ein risikoloses Arbitrage-Geschäft möglich wäre: Im selben Moment kaufen und verkaufen und Gewinn einstreichen. Die Geld-Brief-Spanne, der Spread, wirkt wie eine kleine Gebühr für den Anleger an den Händler, der den Handel sozusagen „vor Ort" an der Börse vollzieht. Du siehst die beiden Kurse auf einschlägigen Websites sowie in deiner Order-Maske und kannst sie schnell vergleichen. Wenn ich mir einen ETF ausgesucht habe, beobachte ich seinen Spread einige Momente an mehreren Tagen zu den regulären Handelszeiten der Börse, um zu verifizieren, dass er niedrig genug ist. Das ist ein Indiz für eine ausreichende Handelbarkeit des ETFs. Die Deutsche Börse veröffentlicht außerdem für jeden in Xetra gelisteten ETF eine eigene Liquiditätskennzahl; einfach mal im Internet nach „ETF XLM" suchen.

11. Sitz in Irland

Aus quellensteuerlichen Gründen ist dies sinnvoll. Mit einem Sitz in Irland kann der ETF-Anbieter seine Steuerbeiträge für Dividenden von US-Aktien minimieren, was den Anlegern zugutekommt. Das kann sich natürlich jederzeit ändern und für Anleihe- und Swap-ETFs ist dieses Kriterium schon heute irrelevant. Doch möglicherweise gibt es dann ein neues zu präferierendes Fondsdomizil – recherchiere diesen Punkt auf jeden Fall bei deiner Auswahl.

12. ETF ist älter als 5 Jahre

Dann ist er etabliert und das Risiko von kleineren Unannehm-
lichkeiten durch eine Auflösung oder Fusion mit anderen ETFs
verringert sich. Außerdem dürfte der Fonds sich dann gut auf
den Index eingestimmt haben, was du an seiner nun längerfristig
vorliegenden Tracking Difference prüfen kannst, wie bereits ge-
schildert. Ich habe jedoch schon ETFs gekauft, obwohl sie diesem Kriterium nicht entsprachen, weil ich sie aus grundsätzlichen
strategischen Überlegungen in mein Portfolio integrieren wollte.

13. ETF fährt eine Long-Strategie

Das bedeutet lediglich, dass der ETF seinen Index abbilden will
und auf steigende Kurse setzt. Er ist also kein Short-ETF, der im
gewissen Sinne von fallenden Kursen profitiert, und kein Hebel-
ETF, der explizit viel stärker schwankt als sein Index.

Die allermeisten ETFs sind Long-ETFs. Ich betone dieses Kriterium deshalb, weil die anderen beiden ETF-Arten komplexe und
für den privaten Kleinanleger meines Erachtens total ungeeignete
Produkte mit sehr vielen Tücken und enormen Risiken sind, die
zudem immer eine Form des aktiven Investierens darstellen, von
dem nichts zu halten ist.

Die finale Auswahl

Unter den so gefilterten ETFs würde ich normalerweise den mit
der niedrigsten Tracking Difference bzw. der höchsten Rendite
nehmen. Bei dieser finalen Entscheidung kann man nichts gravie-
rend falsch machen. Also, verzettele dich jetzt nicht, vermeide
ewiges Zögern und Zaudern. Das waren ganz schön viele technische Details, oder? Die ETF-Auswahl auf spezialisierten Online-
Portalen ist nach der Eingabe des gewünschten Referenzindex

und der Anwendung der ersten drei Kriterien so angenehm klein, dass es leicht ist, auf Basis der übrigen einen ETF für jeden Index zu bestimmen. Die Daten sollten dann über die Website des ETF-Anbieters geprüft, heruntergeladen und abgespeichert werden. Oftmals sind sie sehr gut und transparent aufbereitet. Trotzdem ist die Lektüre auf den ersten Blick trocken und öde. Auf den zweiten auch. Aber längst nicht so schlimm und kompliziert wie bei vielen anderen Finanzprodukten.

Die drei wichtigsten Unterlagen zu einem ETF:

- Factsheet
- „Wesentliche Anlegerinformationen", oft in der englischen Abkürzung „KIID" verlinkt
- Verkaufsprospekt

Häufig ist der Verkaufsprospekt ziemlich umfassend und gilt für mehrere ETFs des Anbieters, daher der Tipp: Nutze in dem digitalen Dokument die Suchfunktion, um gezielt nach dem Namen deines ETFs und Stichwörtern zu fahnden, dann kommst du schon zu vielen der wichtigen Infos. Notiere dir die ISIN (International Securities Identification Number) oder die WKN (Wertpapierkennnummer). Mit ihnen identifizierst du deine ETFs später beim Kaufen.

Wechselkurseinflüsse

Manch ein Anleger vermisst in meiner Kriterien-Liste die Währungsabsicherung. Selbstverständlich existieren in einem globalen Aktien-ETF-Portfolio Wechselkurseinflüsse. Diese sind Risiko und Chance zugleich. Ich halte so genanntes Währungshedging hier aus folgenden Gründen für unnötig: Wechselkurse sind ebenfalls nicht systematisch prognostizierbar. Langfristig mitteln sie sich kaufkraftgewichtet wahrscheinlich weitgehend aus.

Hedging kostet Geld. Das zusammen ergibt eine niedrigere erwartete Rendite. Oftmals verkennen Anleger die wahre ökonomische Substanz der Wechselkurseinflüsse, sie lokalisieren sie nicht korrekt. Fälschlicherweise glauben sie, dass die Berichtswährung eines ETFs relevant ist. Das ist sie nicht, sie ist lediglich eine willkürliche Recheneinheit zur Darstellung der Fondsperformance. Die Handelswährung eines ETFs beziehungsweise der in ihm liegenden Aktien spielt schon eine größere Rolle für den Anleger, da er ETF-Anteile in Deutschland handelt, also in Euro, denn ausländische Börsenplätze sind für uns normalerweise zu teuer sowie mit bürokratischen Problemen behaftet. Daraus resultierende Verluste können währungsgesicherte ETFs mildern, sie schneiden aber auch die Chancen auf Gewinne ab, die es genauso geben kann, und sind deutlich teurer als die normale Variante. Die stärksten Wechselkurseinflüsse deines ETF-Portfolios aber kannst du weder sehen noch beeinflussen. Sie sind auf der Ebene der Geschäftstätigkeit der einzelnen im Depot liegenden Titel zu verorten: Tausende von Unternehmen, die weltweit Zahlungsströme – Einnahmen und Ausgaben – in vielen Währungen verzeichnen und selbst bereits in gewissem Umfang Währungshedging betreiben. Davon hängen ihre Gewinne in einzelnen Währungen maßgeblich ab, davon letztlich die Aktienkurse und vor allem von den Aktienkursen die ETF-Performance. Niemand kann dieses Geflecht fortlaufend analysieren.

Für Anleihen-ETFs gelten meine Ausführungen zu Währungsabsicherung jedoch nicht, ein Währungsrisiko sollte hier wegen der strukturellen Unterschiede zu Aktien in jedem Fall unbedingt vermieden werden: Verwende nur ETFs mit Anleihen in der eigenen Heimatwährung oder in sie zurückgehedgt.

Schritt 6

Depot einrichten

Um ETF-Anteile und andere Wertpapiere an der Börse kaufen und verkaufen zu können, wird ein Depot benötigt. Die Eröffnung ist so simpel wie die eines Tagesgeldkontos, dauert jedoch ein paar Tage bis manchmal Wochen. Wertpapiere übers Internet zu handeln, ist im Grunde wie Online-Shopping. Mit dem Depot erhält man ein so genanntes Verrechnungskonto. Für den Anleger bedeutet das einfach nur: Da liegt Geld, das er zwar an seinen Depot-Anbieter transferiert, aber (noch) nicht in Wertpapiere investiert hat. Bevor man in Wertpapiere investieren kann, muss man die gewünschten Beträge auf dieses Verrechnungskonto überweisen. Viele Anleger lieben es, unendlich viel Zeit bei der Auswahl des richtigen Anbieters aufzubringen, obwohl er eigentlich von untergeordneter Bedeutung ist. Ganz egal ist er aber natürlich nicht, daher hier die Kriterien:

1. Keine laufenden Kosten und geringe Transaktionskosten. Die Depotführung soll komplett kostenlos sein. Die Gesamtkosten für Kauf oder Verkauf sollen 1 % der pro Transaktion voraussichtlich bewegten Summe nicht überschreiten und bei größeren Volumina sogar unterbieten. Das gilt auch für Sparpläne. Bei einem Kauf für 1.000 Euro sind 10 Euro also akzeptabel und viel höher sollten die Gebühren für eine 3.000-Euro-Order auch nicht sein. Gebühren fressen Rendite. Lass dich nicht von kleinen zum Beispiel monatlichen Gebühren bei Sparplanausführungen blenden: 1,50 Euro von 100 Euro Sparplansumme sind 1,5 % und damit zu viel. Das läppert sich auf die Dauer und bringt dich um wertvolle Rendite – auch wenn es für Buy-and-Hold-Investoren definitiv kein Beinbruch ist. Niedrige laufende ETF-Kosten, die nichts mit dem Depotanbieter zu tun haben, sind auf jeden Fall entscheidender für den Anlageerfolg.

2. Etablierter Anbieter mit Sitz in Deutschland. Damit die Qualität stimmt und keine unnötigen Einschränkungen im Service und Angebot existieren, etwa bei der automatischen Kommunikation mit dem Finanzamt oder bei der Einlagensicherung für Cash auf dem Verrechnungskonto. Auch ein Blick auf das Sparplan-Angebot kann sinnvoll sein: Welche ETFs lassen sich zu welchen Konditionen automatisch besparen? Sparpläne müssen nicht monatlich ausgeführt werden, es gibt auch andere Intervalle, die jederzeit angepasst werden können. Schau dir an, was die Broker dir hier bieten und ob deine ausgewählten ETFs sparplanfähig sind. Und gehe vorsichtshalber davon aus, dass gänzlich kostenlose Sparplanausführungen nur temporär gelten und ein reines Marketinginstrument sind. Ich empfinde es jedenfalls nicht als interessantes Kriterium bei der Depotauswahl, dass die angedachten ETFs dort kostenlos bespart werden können. Dass sie überhaupt sparplanfähig sind, ist für viele Anleger hingegen wichtig, weil sie auf diese Art des automatischen Investierens gerne zurückgreifen. Doch auch die Sparplanfähigkeit einzelner ETFs kann sich ändern, sodass ich darauf kein großes Gewicht legen würde.

3. Keine Wucherpreise für sonstige Leistungen. Die Kostentabelle des Anbieters solltest du genau lesen und mit denen anderer Anbieter vergleichen, um keine unliebsamen Überraschungen zu erleben.

4. Gute Benutzeroberfläche. Eigentlich versteht es sich von selbst, dass man als selten handelnder Privatanleger mit der Online-Maske des Depots gut zurechtkommen sollte, eine schnelle Prüfung kann aber nicht schaden.

Erfahrungsgemäß erfüllen reine Online-Broker vor allem die Kosten-Kriterien viel eher als die traditionelle Hausbank.

Schritt 7

Investieren

Es ist so weit! Du hast deine Risikotragfähigkeit und passive Strategie festgelegt, ETFs ausgewählt, ein Depot eingerichtet und gleich handelst du zum ersten Mal an der Börse, wirst Wertpapiereigentümer. Aufgeregt? Verstehe ich. Aber auch das legt sich. Es geht jedenfalls recht einfach. Trotzdem: Etwas Herzklopfen und schwitzige Hände sind durchaus normal.

5 Grundsätze beim Kaufen und Verkaufen von ETF–Anteilen

1. An hochvolatilen Tagen nicht handeln

Wenn gerade der Bulle die Kurse mit seinen Hörnern steil nach oben schleudert oder der Bär sie mit seiner Pranke nach unten haut, lieber die Börse meiden. Es besteht eine kleine und sich durch bessere Regulierung zukünftig vermutlich verringernde Gefahr, dass die Kurse der ETFs zwischenzeitlich zu stark von denen der Wertpapiere in ihnen (Nettoinventarwert) abweichen. Natürlich könnte man dabei auch Glück haben. Das weiß man aber nie und richtig überprüfen kann es der Privatanleger nicht. Prozentuale Veränderungen der Märkte im sehr niedrigen einstelligen Bereich sind übrigens keine besonders volatilen Handelstage, sondern schlicht normal.

2. Nur werktags zwischen 15:30 und 17 Uhr handeln

Ich würde immer nur werktags zwischen 15:30 und 17 Uhr MEZ handeln, da dann auch die US-amerikanischen Börsen geöffnet sind und der Markt viele Teilnehmer hat. Die Preise sind dann fairer und die ETF-Anteile leichter handelbar. Wichtig vor allem, aber nicht nur für international anlegende Fonds mit hohem USA-Anteil. Das trifft auf fast alle Aktien-ETFs in den hier dargestellten Musterportfolios zu. Die optimale Handelszeit für Schwellenländer-ETFs ist börsentäglich morgens von 9 bis 10 Uhr, da dann die asiatischen Börsen geöffnet sind. Nach meiner Beobachtung sind die ETFs auf in diesem Buch genannte Schwellenländer-Indizes aber auch am Nachmittag bei uns sehr gut handelbar. Es spricht also nichts dagegen und die Bequemlichkeit dafür, sie in einem Rutsch mit den anderen abzuwickeln. An einem Börsenfeiertag in Staaten, die den ETF stark dominieren, muss ich das dann aber vielleicht doch nicht unbedingt tun. Die Feiertage kannst du leicht im Internet recherchieren – diese Akribie ist aber, zugegeben, schon ein bisschen was für Nerds.

3. Xetra als Börsenplatz wählen

Es gibt verschiedene Börsenplätze, um an ETF-Anteile zu gelangen und sie abzustoßen. Meines Erachtens sollten die allermeisten Privatanleger in Deutschland ihre Geschäfte über das elektronische Handelssystem der Frankfurter Börse abwickeln: Xetra. Es ist streng reguliert und bietet ein hohes Handelsvolumen. Der weniger beaufsichtigte Direkthandel, der manchmal empfohlen wird, hat nur einen möglichen, aber keinen garantierten Kostenvorteil und dieser dürfte für private Kleinanleger mit Kaufen-und-Halten-Strategie marginal sein. Direkthandel bedeutet: Du kaufst nicht über die Börse, sondern über eine andere Plattform unmittelbar von einem Finanzinstitut.

4. Limit von 2 % setzen

Auf Xetra allerdings würde ich nur mit Limit handeln: Kauf- bzw. Verkaufslimit ca. 2 % über bzw. unter dem angezeigten Kurs. Eine Limit-Order bedeutet: Du sagst deinem Broker, dass du auf keinen Fall teurer einkaufen bzw. billiger verkaufen möchtest als zum von dir festgelegten Kurs. Lässt sich das nicht realisieren, wird keine Order ausgeführt. Das ist eine Standardfunktion und sollte kostenlos angeboten werden. Die Limits sollen lediglich davor schützen, zufällig in sehr seltene, sehr kurze extreme Kursbewegungen wie z. B. Flash-Crashs beim Verkauf oder plötzliche, kurzfristige Aufschwünge beim Kauf hineinzugeraten. Da passive Anleger langfristig investieren, ist es für ihre Rendite weniger wichtig, ob sie 2 % teurer kaufen oder 2% billiger verkaufen. Das Limit ist also nicht zu großzügig gewählt, und die Kurse springen innerhalb weniger Minuten in 99,999 % aller Zeiten ohnehin nicht so stark. Es ist, wenn man so will, eine kostenlose, einfach zu handhabende Absicherung gegen ein sehr geringes Risiko.

5. Kaufgebühren unter 1 % drücken

Kaufgebühren inklusive Handelsplatzgebühren für den Depot-Anbieter nie über 1 % von der anzulegenden Summe. Es kann vorkommen, dass dein Anlagevolumen für einzelne Positionen so niedrig ist, dass die Kaufgebühr über 1 % der Anlagesumme läge. Dann kann sich die Investition per Sparplan lohnen, die oft günstiger ist, oder ein zeitlicher Aufschub des Kaufes, bis genügend Geld angespart wurde. Näheres dazu im Folgenden.

Der Kaufprozess

Jetzt schreiten wir zum eigentlichen Kaufen. Hier musst du ein wenig mit Prozent rechnen. Nach meiner Erfahrung haben damit relativ viele Menschen mehr oder weniger große Probleme oder zumindest eine innere Scheu und Angst, etwas falsch zu machen, speziell wenn es um ihr Geld geht. Wenn du davon betroffen bist, dann nutze einen der vielen Online-Prozentrechner oder bitte jemanden um Hilfe, dem du vertraust. Es wäre schade, wenn deine vernünftige langfristige Vermögensbildung an dieser kleinen Hürde scheitert.

Den Kaufprozess zeige ich anhand eines Beispiels und des 3-ETF-Portfolios:

Gesamtsumme zum Investieren: 10.000 Euro
Risikoarm: 30 % = 3.000 Euro
Risikoreich, also Aktien-ETFs: 70 % = 7.000 Euro

1. Berechne, welche Summen du in jeden Aktien-ETF investieren möchtest

100 % = 7.000 Euro:

50 % ETF auf MSCI World: 3.500 Euro
20 % ETF auf MSCI World Small Cap: 1.400 Euro
30 % ETF auf MSCI Emerging Markets IMI: 2.100 Euro

2. Berechne, wie viele Anteile du von den einzelnen Aktien-ETFs kaufen kannst

Die aktuellen (Brief-)Kurse der 3 ETFs, die du auf Basis der ISIN oder WKN leicht im Netz oder über dein Online-Depot recherchieren kannst, seien:

ETF auf MSCI World: 50,00 Euro
ETF auf MSCI World Small Cap: 5,00 Euro
ETF auf MSCI Emerging Markets IMI: 170,00 Euro

Die ETF-Anteile werden im Folgenden abgerundet, damit die Order ganz sicher ausgeführt werden kann. Es werden die obigen Kurse plus 2%-Limit zugrunde gelegt:

ETF auf MSCI World:
3.500 Euro / 51 Euro = 68,63 = 68 Anteile

ETF auf MSCI World Small Cap:
1.400 Euro / 5,10 Euro = 274,51 = 274 Anteile

ETF auf MSCI Emerging Markets IMI:
2.100 Euro / 173,40 Euro = 12,11 = 12 Anteile

Anhand des Abrundens und der Berechnungsbasis vom höheren Limit-Kurs, den du vermutlich nicht bezahlen musst, siehst du schon: Ein paar Euro, die eigentlich in die Aktien-ETFs wandern sollten, wirst du nicht investieren. Belasse sie einfach auf dem Verrechnungskonto des Depots und lege sie beim nächsten Mal mit an.

3. Kaufe

Jetzt weißt du alles, was du wissen musst, und kannst die 3 Orders nacheinander aufgeben. Erledige das in Ruhe, keine Hektik, alles in deinem Tempo. Logge dich zwischen 15:30 und 16:30 Uhr (damit noch Zeit zum Handeln bleibt) in dein Depot ein, rufe die Ordermaske auf, suche deine ETFs anhand der ISIN oder WKN und wähle Xetra als Börsenplatz. Prüfe, ob es wirklich die richtigen ETFs sind, die dir angezeigt werden. Kurz vor dem Kauf kannst du außerdem noch einmal schnell den angezeigten Kurs checken. Stimmt er grob mit deinen letzten Infos überein? Dann gibst du deinen Limitkurs an. Dein Kauf-Limit muss nicht penibel 2 % über dem aktuellen Brief-Kurs liegen, das geht ohnehin nie ganz sekundenaktuell und ist völlig egal. Hauptsache, es passt ungefähr, wirklich nur grob. Anschließend prüfst du auch nochmal den Unterschied zwischen Geld- und Briefkurs (sollte maximal 0,5 % sein), trägst die jeweilige Anzahl der Anteile ein und schickst den Auftrag los. Ich bestimme die Order gerne als tagesgültig, um in dem optimal liquiden Zeitraum zu handeln.

Sehr häufig liegen die ETF-Anteile schon unmittelbar nach dem Abschicken der Order in deinem Depot. Schau also hinein. Ich habe mich mal erschrocken, als ich direkt nach dem Abschicken des Kaufauftrages unter der Rubrik für offene Orders keine Einträge gefunden habe. Gab es technische Probleme? Nein. Der Kauf wurde schneller vollzogen, als ich von einer Unterseite auf die nächste klicken konnte – die ETF-Anteile befanden sich schon im Depot, deshalb gab es keine nicht ausgeführten Orders.

Jetzt bist du Wertpapieranleger! Speichere am besten alle deine Kauf- und Verkaufsbestätigungen separat und hefte sie ausgedruckt ab, sodass du sie sorgfältig aufbewahrst.

Alternative zum Einmalkauf: Sparpläne

Verteile dein zum Beispiel monatliches Anlagevolumen, wie eben beschrieben, auf den risikoarmen und risikoreichen Teil und verteile dann den risikoreichen Teil des Anlagevolumens auf deine dort befindlichen ETFs, alles gemäß deiner Ziel-Gewichtung. Hast du nur einen ETF, ist die Sache natürlich simpel. Richte für den risikoreichen Teil dann Sparpläne ein. Du musst für jeden ETF einen eigenen Sparplan aufsetzen. Bei der Ausführung durch Sparpläne kommt es praktisch immer dazu, dass du Bruchstücke von ETFs im Portfolio hast, da deine Sparraten selten ein exaktes Vielfaches des ETF-Kurses bilden. Wenn du 250 Euro in einen ETF investierst, dessen Anteile 47,43 Euro kosten, bekommst du 5,27 ETF-Anteile gutgeschrieben. Das ist ein Service deines Depot-Anbieters, der auf Basis des auf ihn entfallenen Gesamtkorbes des jeweiligen ETFs seinen Kunden eben auch ungerade Anteile zuspricht. So wird sichergestellt, dass die Sparplansummen auch wirklich investiert werden. Sollte der Anleger sein Depot eines Tages übertragen wollen, können die Bruchstücke jedoch nicht mit umziehen. Sie müssen dann verkauft werden, was nicht selten hohe Gebühren kostet und sich daher manchmal gar nicht lohnt. Dies ist ein sehr kleiner Nachteil für den Anleger, der vermutlich durch den Vorteil, langfristig stets voll investiert zu sein, aufgewogen wird. Informiere dich am besten bei deinem Depotanbieter über den Umgang mit ETF-Bruchstücken.

Du musst nicht alle ETFs gleichzeitig besparen, das dürfte sogar häufig unter Kostengesichtspunkten nicht empfehlenswert sein. Idealerweise veränderst du alle paar Monate deine Sparpläne, sodass du mit Blick auf maximal 3 Jahre deiner Zielgewichtung nahekommst. Die Rechnung funktioniert im Grunde genauso wie bei der Anlage von Einmalkäufen, nur dass du dein Anlagevolumen z. B. 1 Jahr in die Zukunft projizierst und von dieser Summe ausgehend dann deine Sparplanhöhen berechnest. Beispiel: Du willst monatlich 250 Euro sparen, in einem Jahr werden es demnach 3.000 Euro sein. 1.500 Euro davon (50 %) sollen in den ETF auf den MSCI World fließen. 1.500 Euro / 250 Euro pro Monat = 6 Monate lang kannst du den MSCI World besparen, bevor du zu den anderen ETFs wechselst, indem du analog verfährst. Prüfe einmal, ob du dieses Vorgehen bei deinem Broker im Voraus planen kannst, sodass du nicht an den Wechsel denken musst. Natürlich könntest du auch so rechnen: 1.500 Euro / 12 Monate = 125 Euro pro Monat in den ETF auf den MSCI World. Das dürfte bei den meisten Depotanbietern immer noch hoch genug sein für ausreichend niedrige Kosten. Solltest du jedoch mit den restlichen 1.500 Euro noch zwei weitere ETFs zu 30 % bzw. 20 % besparen wollen, wären die Summen monatlich und zum Teil auch quartalsweise bei den meisten Depotanbietern zu gering. Daher votiere ich für die monatsweise Besparung eines einzelnen ETFs. Sollte deine regelmäßige Sparsumme zu gering sein, um sie unter Kosten-Aspekten auf die 3 ETFs des Musterportfolios zu verteilen, und möchtest du nicht alle paar Monate eine Anpassung deiner Sparpläne vornehmen, habe ich eine sehr ungenaue, aber vertretbare Lösung für dich, passend zum hier verwendeten Musterportfolio – wobei für dich, falls du auf Rebalancing so gar keine Lust hast, wohl eher das 1-ETF-Portfolio passt. Aber gut, so könntest du es bei gleichbleibenden Sparraten mit 3 ETFs machen:

2 Jahre besparst du nur den MSCI World
1 Jahr danach den MSCI Emerging Markets IMI
1 Jahr danach den MSCI World Small Cap

Wie es nach diesen vier Jahren weitergeht, erfährst du im nächsten Schritt.

Letzte Tipps

a) Für die Steuer etwas Geld auf dem Verrechnungskonto lassen

Packe am besten ein paar hundert Euro dauerhaft auf dein Verrechnungskonto, die du nicht investierst. Dein Depot-Anbieter zieht davon automatisch die jährliche Steuer ein, die bei Drucklegung dieses Buches auch dann anfallen kann, wenn du nichts von deinen ETF-Anteilen verkaufst. Das ist normalerweise ein winziger Betrag, aber es wäre ärgerlich, wenn du dafür ins Minus rutschst und dein Depot-Anbieter dir hohe Zinsen berechnet oder du die Steuer manuell nachzahlen musst. Da sich hier jederzeit gesetzliche Änderungen ergeben können, sind andere Medien besser geeignet als ein Buch, um die steuerlichen Aspekte darzustellen. Ich gebe daher nur kurz das Prinzip in Deutschland wieder. Bitte recherchiere selbst, ob diese Angaben noch gültig sind, wenn du startest: Der deutsche Staat will auch auf nicht verkaufte Fondsanteile jährlich eine Steuer erheben, zumindest eine kleine. Dazu legt er jedes Jahr im Januar den für das Jahr geltenden Basiszinssatz fest, mit dem die so genannte Vorabpauschale ermittelt wird, sodass du schon früh berechnen kannst, wie hoch deine Steuer maximal sein wird, wenn du die ETFs das Jahr über hältst.

Die Vorabpauschale ist als fiktiver Gewinn die Grundlage zur Bemessung der anfallenden Steuer. Sie ist nicht die Steuer selbst. Sind deine ETF-Anteile in einem Kalenderjahr stärker gestiegen als die Vorabpauschale, gilt die Vorabpauschale. Hast du einen geringeren Kursanstieg, gilt dieser. Hast du gar keinen Anstieg oder Verluste, zahlst du nichts. So berechnet sich die Vorabpauschale für thesaurierende ETFs: Depotwert zu Jahresbeginn * Basiszins * 0,7

Die 0,7 resultieren daraus, dass der Staat nur 70 % des Basiszinses zur Berechnung verwendet als kleine Konzession an deine ETF-Kosten. Geht es um einen Aktienfonds im Sinne des deutschen Steuerrechts, sind nochmal 30 % der Gewinne steuerfrei. Das gilt auch bei der Vorabpauschale. Die final korrekte Formel lautet dafür also: Depotwert zu Jahresbeginn * Basiszins * 0,7 * 0,7

Für einen Depotwert von 50.000 Euro am Jahresanfang in Aktien-ETFs und einen Basiszins von 1 % ergibt sich beispielhaft: 50.000 Euro * 0,01 * 0,7 * 0,7 = 245 Euro Vorabpauschale. Darauf fallen derzeit 25 % Abgeltungssteuer plus Soli an (Kirchensteuer lasse ich außen vor): 26,375 % von 245 Euro = 64,62 Euro zu zahlende Steuern

Hast du dich statt für thesaurierende für ausschüttende ETFs entschieden, ziehst du die erhaltenen Ausschüttungen von der Vorabpauschale (hier: 245 Euro) ab. Der Gesetzgeber erlaubt hier also eine Verrechnung. Kommt dabei ein Wert von 0 oder weniger heraus, musst du wegen der fiktiven Wertsteigerung gar keine Steuern zahlen, allerdings unterliegen die Ausschüttungen wiederum der Steuer. Noch einmal: Die Vorabpauschale nach der Berechnungsformel ist ein Maximalbetrag. Hättest du also im obigen Beispiel einen geringeren tatsächlichen jährlichen Wertzuwachs als 245 Euro, würden nicht die 245 Euro, sondern der geringere Wertzuwachs zählen. Bei Verlusten zahlst du gar nichts. Ist dein

Wertzuwachs größer, gilt wiederum nur die Vorabpauschale und nicht dein eigentlicher, höherer Buchgewinn. Bei einem späteren, hoffentlich gewinnträchtigen Verkauf deiner ETFs werden dir die bis dahin geleisteten Steuern angerechnet. Zwar ist das Finanzamt verpflichtet, diese Informationen abzuspeichern, allerdings solltest du sie dennoch gut aufbewahren, um deine bezahlten Beträge später nachweisen zu können. Wenn du deinen Sparerfreibetrag übrigens noch nicht ausgeschöpft hast, ist es eine gute Gelegenheit, das mit deinem Depot zu tun. Der gilt nämlich auch für die Vorabpauschale.

b) Sofort das ganze Anlagevermögen investieren, nicht stückeln über einen längeren Zeitraum

Zur Maximierung der erwarteten Rendite ist es besser, Geld sofort zu investieren, wenn es dafür zur Verfügung steht, und nicht eine bereits vorhandene große Summe in mehrere Tranchen zu splitten, um über einen längeren Zeitraum stückweise in den Markt zu gehen. Der in diesem Kontext häufig genannte, intuitiv einleuchtende Durchschnittskosteneffekt (engl. Cost Average Effect), nach dem man sich angeblich einen systematischen Rendite- oder Risiko-Vorteil verschafft, wenn man regelmäßig kleinere Summen investiert statt einmal zu Beginn eine große, ist eine mathematische Blendgranate. In den meisten realistischen Szenarien ist eine große Einmalinvestition einer zeitlich gestreckten Stückelung bei methodisch korrektem Vergleich überlegen, aus dem einfachen Grund, dass Aktienmärkte langfristig steigen und niemand sie vorhersehen kann. Die erwartete Rendite auf das gesamte zum Investieren verplante Vermögen ist bei einer Sofortanlage höher, da du länger mit mehr Geld im Markt bist. Die Entscheidung ist sogar dann richtig, wenn sich hinterher herausstellt, dass es besser gewesen wäre, den Einstieg zeitlich zu strecken, weil die Kurse gefallen sind. Warum ist die Entscheidung richtig, obwohl sie faktisch falsch war? Weil es rational ist, anzunehmen, dass wir es nicht wissen konnten. Hätten wir wissen können, dass die Kurse fallen, wäre es ja ohnehin besser gewesen, gar nicht einzusteigen. Agiert jemand zum ersten Mal an der Börse oder hantiert er mit für ihn ungewöhnlich hohen Beträgen, stellt der volle Soforteinstieg jedoch eine relevante psychische Hürde dar. Bekämpfe sie! Schaffst du nicht? Okay, dann teile die große Summe in 12 oder 24 identische kleinere Tranchen und investiere pro Monat eine. Das ist zwar für deine erwartete Rendite nicht optimal, aber allemal besser, als gar nicht zu beginnen. Steigt der Markt in den 12 bis 24 Monaten, freust du dich, nicht mit allem gewartet zu haben, und ärgerst dich, mit einem Teil gewartet zu haben. Fällt er, freust du dich, mit etwas Geld gewartet zu haben, und ärgerst dich, schon gestartet zu sein. Du wirst also immer mittel glücklich und mittel unglücklich, kannst mit dem mürrischen Grummeln des unbefriedigten Perfektionisten gut schlafen und bist am Ende voll investiert. Je länger du die Einstiegsphase wählst, desto geringer ist deine erwartete Rendite auf dein gesamtes Anlagevermögen, weil du eben längere Zeit nicht voll investiert bist und niemand Aktienmärkte zuverlässig vorhersagen kann, da sie, insbesondere kurzfristig, einem Zufallslauf folgen. Wenn du deinen ganzen Einstieg am liebsten auf 5 Jahre oder mehr verteilen würdest, kann das ein Indiz dafür sein, dass du dir generell zu viel Risiko zumutest und besser den risikoarmen Teil des Portfolios aufstockst. Kleine Trippelschritte in den Markt statt eines großen Sprungs bedeuten einfach eine sukzessive Risikosteigerung statt einer sofortigen. Noch genauer: Du verschiebst dein eigentlich gewünschtes Risiko zeitlich etwas weiter nach hinten. Aber ob du jetzt ein hohes Risiko eingehst oder erst in ein oder zwei Jahren, muss egal sein: Ist es heute zu hoch, ist es auch in zwei Jahren zu hoch, zwei Jahre machen, rational betrachtet, keinen Unterschied (gleichbleibende Risikotragfähigkeit angenommen). Du zögerst, deinen Plan umzusetzen? Vermutlich, weil du, wie fast jeder kurz vor dem Investieren, das Gefühl hast, der Markt sei zu teuer. Der arme Markt kann es einem leider nie

rechtmachen. Stieg er in der Vergangenheit, denken die hasenfü-
ßigen Investoren: „Heißgelaufen! Da kommt jetzt ein Crash." Fiel
er vorher, glauben sie: „Bodenlos! Die Kurse knallen noch weiter
runter." Auf den letzten Metern vor der Kauforder packt uns
plötzlich doch wieder die Loser-Strategie des aktiven Investierens
(denn nichts anderes ist das) und wir wollen Börsenprognosen
machen. Dann rezipieren wir fürs Investieren sinnlose Medien-
beiträge, melden uns in einem Investmentforum an und schreiben
in etwa Folgendes: „Hey Leute! Ich bin so weit, ich will ein passives Weltportfolio aufbauen, hab auch alles verstanden: lange halten, global diversifiziert, mit ETFs, tausende Unternehmen im
Portfolio. Was glaubt ihr: Gehen die Kurse demnächst runter o-
der hoch? Ich meine, die aktuelle politische und wirtschaftliche
Lage … (hier bitte Beliebiges aus der Nachrichtenflut einset-
zen.)." Dieses nach einer Glaskugel – Verzeihung: nach der Meinung eines „Experten" mit „Erfahrung" – verlangende Posting
zeigt, dass der Ersteller Wesentliches eben nicht verstanden hat
oder zumindest nur theoretisch, abstrakt, blass im Hirn, aber das
Wissen nicht tief atmet, lebt, im Herzen wirksam werden lässt:
dass Aktienmärkte weitgehend informationseffizient sind und
deshalb nicht systematisch prognostiziert werden können. Du
weißt schlicht nicht, ob der Markt jemals tiefer stehen wird als an
dem Tag deines geplanten Einstiegs und, falls ja, ob du den Einstieg dann packst, und jede eventuelle Rallye, die wegen deines
Zögerns ohne dich stattfindet, setzt dir psychisch zu. Märkte
können Jahre und Jahrzehnte teuer oder billig sein, gemessen am
KGV (Kurs-Gewinn-Verhältnis: Aktienkurs / Gewinn des Unternehmens pro Aktie). Nicht jede Normalisierung muss durch
ein deutliches Fallen oder Steigen der Börsenkurse eintreten und
es könnte sogar eine Verschiebung des Normalniveaus geben. Ich
hoffe, dass du schnell zur Besinnung kommst. Du hast dir diesen
ganzen langweiligen Kram ja nicht reingezogen, um jetzt zu knei-
fen und in die chthonischen Niederungen gewöhnlicher Spekulanten abzurutschen.

Schritt 8

Investments in die ursprüngliche Gewichtung zurückbringen

Du hattest zwei Gewichtungen vorgenommen, bevor du mit dem Investieren begonnen hast:

1. Du hast bestimmt, wie viel von deinem Anlagevermögen risikoarm und wie viel risikoreich angelegt werden soll. In meinem Beispielszenario habe ich 30 % auf den risikoarmen und 70 % auf den risikoreichen Bereich verteilt.

2. Du hast die prozentuale Gewichtung der einzelnen ETFs innerhalb des risikoreichen Teils definiert. In diesem Buch verwende ich dafür das Musterportfolio aus 3 ETFs mit der 50%-30%-20%-Aufteilung.

Im Laufe der Zeit musst du dein Portfolio hoffentlich nur aus zwei Gründen anfassen:

1. Du sparst weiteres Geld, das ins Anlagevermögen fließen soll.

2. Die einzelnen ETFs performen unterschiedlich (wenn in mehr als einen ETF investiert wird).

Da du dein Risiko-Rendite-Profil aber aus guten Gründen gewählt hast, solltest du darauf achten, dass du dein Portfolio in einem angemessenen Zeitraum immer ungefähr in diesem Profil hältst. Dieser Vorgang wird Rebalancing genannt. Neben der Wiederherstellung des gewünschten Risikos hat Rebalancing einen kleinen positiven Rendite-Effekt: Indem man Anlagen, die hinterherhinken, auf- und solche, die besser liefen, abwertet, nutzt man langfristig die Regression zum Mittelwert. Mehr als 0,5 % zusätzlicher Rendite pro Jahr sind bei korrektem Rebalancing aber wohl nicht zu erwarten – das ist nicht wenig, aber auch nicht viel. Investierst du im risikoreichen Teil nur in einen ETF, musst du einfach nur dein für diesen Teil vorgesehenes Anlagevermögen in den ETF stecken und bist fertig. Ein Vorteil der Bequemlichkeit für Leute, die wirklich absolut gar keine Energie für Geldanlage aufbringen. Aber auch die Variante mit drei ETFs ist leicht zu handhaben.

Manche passive Anleger entwickeln beim Rebalancing einen Genauigkeitsfetisch, der mich befremdet. Meines Erachtens reicht hier wirklich ein grobes Zielen einmal pro Jahr, wie im Folgenden beschrieben. Vieles von dem, was gleich ausführlich dargestellt wird, kannst du mit etwas Gewohnheit intuitiv erledigen. Es sieht nach mehr aus, als es ist, versprochen.

Rebalancing mit Sparplänen

Jährlich prüfst du, ob die Gewichtungen in deinem gewachsenen Portfolio noch halbwegs stimmen: Anteile risikoreich und risikoarm sowie innerhalb des risikoreichen Teils. Wenn die Abweichungen zu groß werden: Einfach Sparpläne für ein Jahr grob anpassen, sodass den Positionen, die unterhalb ihrer Soll-Gewichtung liegen, entsprechend mehr Gelder zukommen als den anderen. Reicht alles wirklich sehr ungefähr. So gehst du vor:

1. Überlege dir, wie viel Geld in einem Jahr voraussichtlich investiert sein wird: Aktueller risikoreicher Teil + aktueller risikoarmer Teil + Summe aus den anstehenden Sparplanausführungen. Natürlich weißt du nicht, wo die Kurse und damit dein angelegtes Vermögen in einem Jahr stehen. Nimm daher die Kurse von heute als Grundlage.

2. Bilde anhand deiner Zielgewichtung die Verteilung zwischen risikoreich und risikoarm sowie, für den risikoreichen Teil, der einzelnen ETFs in Euro. Du hast jetzt die Soll-Beträge.

3. Für jeden ETF durchführen: Ziehe vom Soll- den Ist-Betrag ab und teile das Ergebnis durch 12. So erhältst du die monatlichen Sparplanraten für das nächste Jahr. Ist der Betrag unter Berücksichtigung der Transaktionskosten zu gering, dann spare nur quartalsweise oder halbjährlich einen entsprechend höheren oder bespare die ETFs innerhalb des Jahres nacheinander statt alle gleichzeitig (wie schon bei der Erstanlage im vorherigen Schritt). Sollte der Betrag für einen ETF negativ sein, dann sind in ihn bereits jetzt mehr Gelder investiert, als in einem Jahr in der Zukunft vorgesehen waren. In ihn wird also nichts investiert.

Sind die Sparplanraten zu gering, um solch ein Rebalancing für alle 3 ETFs gleichzeitig durchzuführen, und willst du nicht alle paar Monate den Sparplan ändern, dann funktioniert es anders – es wird ungenauer, volatiler, aber meines Erachtens langfristig ohne schlimme Folgen. Im vorherigen Schritt habe ich für diesen Fall einen 4-jährigen Erstaufbau des Portfolios dargestellt. Nach diesen 4 Jahren schaust du einmal jährlich in dein Depot und besparst im folgenden Jahr den ETF, der prozentual am weitesten unter seiner Ziel-Gewichtung liegt. Nach einigen Jahren kannst du dich ja vielleicht doch dazu motivieren, ordentliche Rebalancings durchzuführen. Denn der Nachteil dieser Methode ist natürlich, dass die Gewichtungen immer recht stark vom Soll abweichen.

Gut möglich, dass mich orthodoxe passive Investoren wegen solcher Tipps für fahrlässig halten, aber ich glaube, dass es für die meisten desinteressierten Investoren so einfach wie möglich gemacht werden sollte, damit sie es nicht aufschieben. Auf 15 Jahre oder mehr gesehen, wird mein Tipp keine gravierenden Nachteile verursachen, die man vorher hätte absehen können. An dieser Stelle, aus eigener Erfahrung, ein Hinweis an alle, in deren Berufen es auf sehr exakte Zahlen ankommt: Investieren ist keine Ingenieurstätigkeit. Es bringt keine Vorteile, es so genau zu halten wie beim Pkw-Spaltmaß. Auch dazu gibt es Untersuchungen. Ich habe schon mal die MSCI-World-Position um 5 Prozentpunkte von 55 % auf 50 % reduziert und die Schwellenländer erhöht, damit die Verteilung hübscher aussieht und leichter im Kopf zu berechnen ist. Sie sind ja ohnehin mit großen Freiheiten festgelegt. Wichtig ist, dass die grobe Schussrichtung stimmt. Die Schwellenländer schwanken stärker als die Industrieländer, schon deshalb sollten die Industrieländer im Depot immer klar dominieren.

Rebalancing mit Einmalanlagen

Mir persönlich bereitet es irrationales Unbehagen, in einem bestimmten Intervall größere Summen automatisch davonfliegen zu sehen. So gönnt sich jeder seine Spleens. Auch ein methodisch korrektes Rebalancing ist mit Sparplänen durchaus aufwändiger. Limit-Orders gibt es, Stand heute, auch nicht. Falls es dir genauso geht wie mir und du lieber einmal im Jahr in einem Ruck kontrolliert das angesparte Geld anlegen willst oder falls deine ETFs nicht sparplanfähig sind, dann eignet sich der folgende Weg. Ich habe ihn mit einer exakten Berechnung an einem Beispiel durchgeführt, sodass das Ergebnis genauer sein wird.

1. Berechne dein aktuelles Anlagevermögen

Es ist ein Jahr vergangen, seitdem du das erste Mal investiert hast. Das Anlagevermögen betrug in meinem Beispielszenario zu Beginn 10.000 Euro. 7.000 Euro waren gemäß der 70%/30%-Aufteilung risikoreich in die drei Aktien-ETF investiert und 3.000 risikoarm. Folgendes sei inzwischen passiert:

- Der Wert deines bestehenden risikoarmen Teils beträgt immer noch 3.000 Euro, wie zu Beginn.

- Dein ETF-Portfolio (risikoreicher Teil) hat sich erfreulich entwickelt: 7 % Steigerung. Es ist jetzt also nicht mehr 7.000 Euro, sondern 7.490 Euro wert.

- Im Einzelnen setzt sich diese Rendite von 490 Euro in diesem fiktiven Beispiel so zusammen:

Anteile ETF auf MSCI World:
Steigerung um 200 Euro von 3.500 auf 3.700

Anteile ETF auf MSCI World Small Cap:
Steigerung um 100 Euro von 1.400 auf 1.500

Anteile ETF auf MSCI Emerging Markets IMI:
Steigerung um 190 Euro von 2.100 auf 2.290

Dein bisheriges Anlagevermögen beträgt also:

3.000 Euro (risikoarm) + 7.490 Euro (risikoreich) = 10.490 Euro

- Du hast im abgelaufenen Jahr für dein Anlagevermögen 3.000 Euro neu angespart.

Diese neu angesparten Euros kommen hinzu. Dein Anlagevermögen beträgt danach demnach:

10.490 Euro + 3.000 Euro = 13.490 Euro

Dieses Anlagevermögen muss jetzt gemäß deiner festgelegten Gewichtung verteilt werden. 13.490 Euro bilden also die rechnerische Basis für alles Folgende.

2. Berechne, wie viel Geld in den risikoarmen und den risikoreichen Teil fließen soll.

Du willst 30 % risikoarm anlegen. 30 % von 13.490 Euro = 4.047 Euro sollen hinterher im risikoarmen Teil sein. Aktuell liegen dort 3.000 Euro. Du musst also von deinem neu angesparten Geld 1.047 Euro risikoarm investieren. Da du 3.000 Euro neu angehäuft hast, verbleiben dir demnach 1.953 Euro für den risikoreichen Teil. Diese Summe überweist du jetzt auf das Verrechnungskonto deines Depots, um sie zu investieren.

3. Berechne, wie viel Geld des risikoreichen Teils in welchen ETF fließen soll.

Aktuell befinden sich in deinem risikoreichen Teil (= in den 3 Aktien-ETFs), wie oben gezeigt, 7.490 Euro. Jetzt kommen 1.953 Euro hinzu, ergibt 9.443 Euro. Diese Summe bildet den rechnerischen Ausgangspunkt für die Verteilung auf die 3 ETFs.

Gemäß deiner Ziel-Allokation sehen deine Rebalancing-Notwendigkeiten insgesamt so aus:

Datum	IST Euro	SOLL Euro	SOLL Prozent	To Do Euro
Anlagevermögen	10.490	13.490	100	+3.000
Davon risikoarm	3.000	4.047	30	+1.047
Davon risikoreich	7.490	9.443	70	+1.953
Risikoreich	7.490	9.443	100	+1.953
Davon World	3.700	4.721,50	50	+1.021,50
Davon World SC	1.500	1.888,60	20	+388,60
Davon EM IMI	2.290	2.832,90	30	+542,90

Zwei von drei Transaktionen des risikoreichen Teils, die beiden unteren, sollten nicht getätigt werden, da die Gebühren wohl über 1 % lägen (wobei es inzwischen echte Preisbrecher am Markt gibt, bei denen man auch solche geringen Summen vertretbar anlegen kann). Pragmatische Lösung: pro ETF eine ein- oder zweimalige Sparplanausführung, die deutlich weniger Gebühren kosten als ein klassischer Wertpapierkauf, und den Sparplan danach wieder löschen. Falls dieser Trick nicht zu Gebote steht: die knapp 2.000 Euro, die in die Aktien-ETFs fließen sollen, auf zwei Transaktionen aufteilen. 1.000 Euro MSCI World und 1.000 Euro MSCI World SC, denn der ist prozentual etwas weiter von seiner Soll-Gewichtung entfernt als der MSCI EM IMI. Fertig. Im nächsten Jahr sieht die Sache voraussichtlich wieder anders aus, dann werden vermutlich mehr Gelder in den Emerging Markets IMI und weniger bis keine in den World Small Cap fließen.

Rebalancing ohne oder mit nur geringen Sparsummen

Falls du keine regelmäßigen Sparsummen aufbringst oder diese im Verhältnis zu deinem Depotwert zu gering sind, um korrektes Rebalancing für einen angemessenen Zeitraum zu betreiben, bist du gezwungen, die Ziel-Gewichtung der ETFs über Umschichtungen zu erreichen. Dabei gibt es aus steuerlichen Gründen eine kleine mathematische Besonderheit, die du im Absatz unter dem Rechenbeispiel in Schritt 9 erläutert findest. Spoiler: Du musst einen Tick mehr umschichten, als du ohne Steuer umschichten würdest, damit du noch näher an die Zielgewichtung kommst.

Du musst also Anteile verkaufen, um mit dem Erlös andere zu kaufen. Folgende Grundregeln können dabei helfen:

1. Solange ein Depot kleiner ist als rund 50.000 Euro, würde ich nicht durch Umschichtung rebalancen, sondern es einfach laufen lassen.

2. Du rebalanct erst dann, wenn ein ETF um mindestens 10 Prozentpunkte nach oben oder unten von seiner Soll-Gewichtung abweicht. Wichtig: Prozentpunkte. Nicht Prozent. Wenn 50 % des Depots in einen ETF investiert werden sollen, korrigierst du, sobald er weniger als 40 % oder mehr als 60 % ausmacht. Analog verfährst du mit den kleineren Positionen.

3. In jedem Fall wägst du dann den Rebalancing-Vorteil gegen den Nachteil ab, Transaktionskosten zu produzieren und Gewinne zu versteuern. Wer keine Lust auf diese Rechnung hat: Für mich persönlich wäre die Schmerzgrenze wohl erreicht, wenn ein ETF 15 Prozentpunkte von seinem Soll abweicht. Dann würde ich einfach durch Umschichtung rebalancen.
Grob kann eine Rechnung so aussehen: 1. Berechne die Rendite auf die beim Rebalancing theoretisch anfallende Steuer mit 7 % pro Jahr bis zum geplanten Verbrauchsdatum (mit Zinseszins) und ziehe die später auf die Rendite anfallende Steuer ab. Die so ermittelte Rendite würde dir beim Rebalancing mutmaßlich entgehen. 2. Berechne eine 0,3 prozentige Jahresrendite auf dein gesamtes, um die anfallende Steuer reduziertes Depot für maximal 3 Jahre (länger dürfte ein einmaliges Rebalancing sich nicht auswirken) und ziehe davon die später anfallende Steuer ab. Diese Rendite würde dir Rebalancing mutmaßlich bringen – ich sprach zwar eingangs von bis zu 0,5 %, bin hier aber konservativer. 3. Vergleiche die beiden Werte. Ist der Betrag aus 1. kleiner als aus 2., führst du Rebalancing durch. Im umgekehrten Fall tust du es nicht. Wie schwer für dich bei der Entscheidung für oder gegen Rebalancing die Wiederherstellung des Risiko-Profils wiegt, musst du selbst festlegen. Da mir keine wirklich befriedigenden Informationen zum Renditevorteil durch Rebalancing vorliegen und man die durch Steuern entgangene Rendite langfristig recht zuverlässig bestimmen kann, neige ich dazu, auf Rebalancing durch Umschichtung zu verzichten, wenn dafür Steuern anfallen würden und ich noch eine weite Anlagestrecke vor mir habe.

Abschließende Bemerkungen

Deine ETFs im Depot werden sich selbstverständlich unterschiedlich entwickeln, manchmal über mehrere Jahre sehr deutlich. Darin liegt eine Verführungsgefahr. Einsam sein Depot betrachtend, grübelt der Anleger in rückwärtsgewandten „Ach, hätte ich doch"-Szenarien: „Hätte ich doch alles in meinen Top-ETF gepackt, dann wäre meine Rendite jetzt viel besser! Wozu diese Krücken im Depot, die nur runterziehen?" Ähnliches gilt beim Vergleich mit einem willkürlichen anderen Portfolio, in Deutschland ist dafür der DAX beliebt. Möglich, dass dein Weltportfolio über viele Jahre hinweg schlechter abschneidet als ein DAX-ETF. Da kommt schon mal Folgendes in den Sinn: „Hm, hätte ich vor fünf Jahren einfach nur einen DAX-ETF gekauft, hätte ich jetzt mehr! Soll ich wechseln?" Man spricht hier vom Referenzrahmenrisiko: Du stehst schlechter da als dein Umfeld, mit dem du dich vergleichst. Antwort auf beide Fragen: So wenig, wie man die Performance damals vorhersagen konnte, weiß man heute, wie es zukünftig aussehen wird. Deshalb kaufst du ja prinzipiell den ganzen Markt: Weil du dich damit abfindest, die Aktienrenditen weder von Ländern noch Branchen noch einzelnen Unternehmen prognostizieren zu können. Sei ein Prinzipienreiter und verfolge stur, mechanisch deinen Plan.

Es ist durchaus möglich, dass du in einem besonders starken Börsenjahr auch einmal gar kein Geld in Aktien investierst, weil du deinen risikoarmen Teil auffüllen willst. Möglicherweise müsstest du sogar Aktien-ETF-Anteile verkaufen, um sie in den risikoarmen Teil zu überführen – entscheide selbst, ob du das unter Kosten- und Steueraspekten willst. Vielleicht hat sich deine Risikotragfähigkeit bis dahin ja auch schon gesteigert, sodass du das erhöhte Risiko wunderbar aushältst. Gerade in Boom-Phasen überschätzt man sich aber natürlich schnell. Umgekehrt kann es sich in einem schlechten Börsenjahr ergeben, dass du nicht nur dein neu angespartes Geld, sondern auch einen Teil des bisher risikoarm angelegten Geldes in den risikoreichen umschichtest, um dein Risiko-Rendite-Profil beizubehalten. Dieses Szenario bereitet den meisten Anlegern Probleme: Die Börse ist gecrasht und ich soll richtig reingehen? Ja, denn auch hier gilt: Stumpf, stur, mechanisch die eigene Strategie exekutieren. Ich sagte es schon: Börse braucht Charakter.

Die Zeit des Rebalancings eignet sich auch hervorragend, um

- zu prüfen, ob es wichtige Änderungen in den Konditionen deines Depotanbieters oder in den Merkmalen deiner ETFs gibt.

- zu prüfen, ob dein Depotanbieter für das abgelaufene Kalenderjahr den korrekten Betrag Steuern abgezogen hat.

- die Tracking Difference deiner ETFs zu checken.

- mögliche neue ETFs zu recherchieren, mit denen du deine Strategie besser umsetzen kannst. Dabei aber nicht hektisch werden und in Aktionismus verfallen. Unnötige Steuern oder ETF-Wust im Depot gilt es zu vermeiden. Bestehende ETFs müssen, wenn es bessere Konkurrenz gibt, früher oder später vermutlich nachziehen, um nicht verdrängt zu werden. Abwarten kann sich also lohnen.

Bleib dran!

Ich weiß, dass manch einer jetzt denkt: Das ist mir alles doch zu anstrengend. Betroffene möchte ich einladen, über Folgendes nachzudenken:

1. Der „Lohn" für die Mühen kann problemlos ein zusätzliches Vermögen sein, das man andernfalls in mindestens 10 oder eher noch mehr Jahren ansparen müsste. Jahre, die man nicht einfach hinzubuchen kann. Keine andere für Privatanleger praktikable Anlagestrategie liefert wissenschaftlich begründet so hohe erwartete reale Nettorenditen.

2. Alle anderen Anlagestrategien, zum Beispiel der kreditfinanzierte Erwerb einer Immobilie (vom Bau ganz zu schweigen) oder der eines Finanzproduktes im Versicherungsmantel, sind komplexer und oft, wenn man es verantwortungsvoll macht, in der Recherche zur Anschaffung sowie im Betrieb aufwändiger – auch wenn es nicht so scheint. Bei einer Immobilie gibt es nicht nur die angenehmen Beschäftigungen: „Welches hübsche Badezimmer darf es denn sein?" Sondern eben auch: „Welche Heizung kaufe ich denn jetzt schnell, damit die Bude wieder warm wird?" oder „An der Stelle X muss wieder was gemacht werden." Nur zwei Beispiele von vielen. Du wirst dich, so ist meine Erfahrung, mit deinem ETF-Weltportfolio schon nach kurzer Zeit viel stärker identifizieren als mit einer „Versicherungslösung", weil du es besser durchschaust, es mehr Rendite bringt und es sich auch einfach angenehmer anfühlt, ja sogar etwas Spaß machen kann (ob du dir das derzeit vorstellen kannst oder nicht), weil du dir mehr wie ein Kapitän vorkommst, der sein Schiff souverän steuert, und weniger wie ein blinder Passagier, der obendrein keine Ahnung hat, wie es um das Schiff eigentlich steht, wohin es fährt und was für ein Schiff es überhaupt ist.

3. Hast du dein Depot eingerichtet, deine ETF-Anteile gekauft und das erste Mal Rebalancing durchgeführt, kommst du immer besser in die Materie hinein und wirst dich schon kurz danach wundern, warum das alles vorher wie ein gigantischer, unbezwingbarer Berg erschien. Vermutlich ärgerst du dich sogar etwas, dass du nicht früher angefangen hast, weil es so einfach ist.

4. Wer das Portfolio mit nur einem ETF nimmt, hat so gut wie keinen Rebalancing-Aufwand, weil er einfach ein Produkt langfristig bespart, ganz ähnlich wie bei einer Versicherung, nur eben viel besser.

Falls du dich für das passive Investieren in ein Weltportfolio entschieden hast, kommt für dich eines Tages die Zeit für Schritt 9.

Schritt 9

Portfolio verbrauchen

Irgendwann sollen die Früchte des Sparens und Investierens, des Ausharrens bei heftigen Kursabstürzen, des Mutes und der Disziplin geerntet werden. Für viele beginnt diese Zeit mit der Rente. Das manchmal so genannte Entsparen ist tückisch, nicht trivial, insbesondere dann, wenn nicht das ganze Vermögen ausgegeben werden soll. Wie lange wähle ich den Verbrauchszeitraum und wie viel darf ich wann verwenden, um mit welcher Wahrscheinlichkeit bei welchem Portfolio welches Vermögen nach wie vielen Jahren zu haben? Hier greifen Monte-Carlo-Simulationen. Wenn du im Internet nach „Retirement Nest Egg Calculator" suchst, findest du einen Einstieg von dem ETF-Anbieter Vanguard. Ist das Vermögen größer, vielleicht ab 300.000 Euro heutiger Kaufkraft, würde ich zu Beginn der Entsparphase durchaus bei einem nach deutschem Gesetz zugelassenen Honorar-Finanzanlagenberater, der seine Kompetenz glaubwürdig darstellen kann, nach einer entsprechenden Beratungsleistung fragen und für diese auch gutes Geld ausgeben – und nur bei so einem, auf den Begriff ist penibel zu achten und die Gesetzeslage kann sich jederzeit ändern. Alternativ können eventuell auch Verbraucherzentralen helfen.

Was aber tun, wenn man sein Vermögen einfach ausgeben möchte bis zum eigenen Tod – was könnten Faustformeln sein?

Annahmen zum Entsparen des Anlagevermögens

Vermögen am Ende: 0 Euro

Dauer der Entnahmephase: Es ist sinnvoll, statt mit der durchschnittlichen Lebenserwartung mit einem deutlich höheren Alter zu rechnen, da die Länger-Lebenden zahlreich sind, etwa 50 %, und die Wahrscheinlichkeit einer Pleite gering sein sollte. Sinnvoll erscheint mir – aber auch das ist eine persönliche Risiko-Entscheidung des Einzelnen –, ein Alter zugrunde zu legen, das man nach den Angaben des Statistischen Bundesamtes mit einer Wahrscheinlichkeit von 10 % erreicht. Für Männer in Deutschland liegt es aktuell bei etwa 93 und für Frauen bei etwa 96 Jahren. Individuelle Abweichungen sollten natürlich berücksichtigt werden.

5 Jahre vor Beginn der Entnahmephase

Langsame Umschichtung des Anlagevermögens, sodass zu Beginn der Entnahmephase ungefähr folgendes Verhältnis vorliegt:

Risikoarm: 50 %
Risikoreich: 50 %

Für die meisten Anleger wird also gelten: Der risikoreiche Teil wird reduziert. Läuft die Börse in dieser Zeit gut, schichte ich mehr um, läuft sie schlecht, schichte ich weniger um. Hoffentlich kann ich durch weiterhin vorkommende Ansparungen, die in den risikoarmen Teil fließen, ebenfalls dazu beitragen, dass dieses Verhältnis dabei herauskommt. Wer von vorn herein schon in diesem Verhältnis investiert hat, braucht eigentlich nichts zu ändern. Er könnte sich überlegen, den risikoreichen Teil (und damit die Rendite, aber eben auch die Schwankungen) noch weiter zu verringern. Ich will nicht ausschließen, dass eine eventuell geringere Quote des risikoreichen Anteils von zum Beispiel 30 % sinnvoller ist, mit abnehmendem Restanlagehorizont vielleicht noch weniger. Das gehört zu den Einzelfallfragen, die im Expertengespräch geklärt werden können.

Entnahme-Formel

Entnahme für das laufende Jahr = Depotwert geteilt durch die verbliebenen Jahre bis zum (voraussichtlichen) Ende der Entnahmephase.

Die Entnahmen müssen nicht jährlich, sondern können ebenso halbjährlich oder monatlich erfolgen. Doch auch hier gilt: Die einzelnen Summen sollten aus Kostengründen nicht zu gering sein. Meine Obergrenze für Transaktionskosten liegt, wie schon beim Ansparen, bei 1 %.

Das ist eine variable Entnahme, die sich nicht nur der fortschreitenden Zeit, sondern auch den Marktverhältnissen anpasst, da sie jährlich auf den dann aktuellen Depotwert reagiert. Wenn es zusätzlich gelingt, in schwachen Börsenphasen weniger zu entnehmen und in starken dafür etwas mehr, kann sich die durchschnittliche Konsummöglichkeit steigern. Wer vorsichtiger agieren möchte, entnimmt einfach einen geringeren Betrag. So könnte ein Anleger in der Anfangszeit zum Beispiel nur 75 % des Depotwertes als Berechnungsgrundlage heranziehen. Na, oder man lässt es im Gegenteil gerade in der Anfangszeit stärker krachen, weil man nicht weiß, wie viele gute Jahre es noch werden. Habe ich irgendwann ein sehr hohes Alter erreicht, erhöht sich die Wahrscheinlichkeit, dass ich älter werde, als anfangs „geplant". Bei den Entnahmen empfiehlt sich dann etwas Vorsicht.

Entnahmen folgen aus Gründen des Rebalancings und der Rendite-Optimierung diesem Prinzip: Lief die Aktienbörse gut, werden Aktien-ETFs verkauft, lief sie schlecht, wird vom risikoarmen Teil genommen. Eventuell muss zusätzlich umgeschichtet werden.

Beispiel zum Rebalancing in der Entnahmephase

Das Depot hat einen Wert von 100.000 Euro und ich kalkuliere noch 20 Jahre bis zum Tod (ja, so kalt wäre eine empfehlenswerte Betrachtung des eigenen Lebensendes – beneidenswert, wer das kann).

100.000 Euro / 20 = 5.000 Euro geplante Entnahme für dieses Jahr. Rest: 95.000 Euro.

Jeweils 50 % davon sollen risikoarm und risikoreich investiert sein: 2 * 47.500 Euro.

Aufgrund der Marktentwicklungen sieht es derzeit so aus:

Risikoreich aktuell: 60.000 Euro. 12.500 Euro zu viel.
Risikoarm aktuell: 40.000 Euro. 7.500 Euro zu wenig.

Lösung: Aus dem risikoreichen Teil 5.000 Euro entnehmen und weitere 7.500 Euro umschichten in risikoarm.

Der Einfachheit halber ist dieses Vorgehen ohne anfallende Steuern (und Kosten) beim Umschichtungsvorgang gerechnet. In den 7.500 Euro, die durch einen Verkauf von risikoreichen Anlagen in risikoarme verschoben werden, sind steuerpflichtige Kapitalerträge enthalten, die die Umschichtungssumme und auch den Depotwert reduzieren, der ja die rechnerische Bezugsgröße ist. Die Berücksichtigung würde die Komplexität der Berechnung erhöhen, ohne den Nutzen signifikant zu steigern, sodass man sich merken kann: Es muss in dem Beispiel etwas mehr umgeschichtet werden, um eine noch korrektere Gewichtung des dann nach Steuern neuen (geringeren) Depotwertes zu erreichen.

Das Finanzamt rechnet übrigens, um den Kapitalertrag zu ermitteln, so, dass bei einem Verkauf die ETF-Anteile, die du als erstes gekauft hast, auch als erstes verkauft werden. Das ist das First-In-First-Out-Prinzip, kurz FIFO, dem wir bereits begegnet sind. Hast du im Alter von 40 Jahren mit dem Investieren begonnen und zum Start 200 Anteile an einem ETF erworben, bis zum 65. Lebensjahr nichts von dem ETF verkauft, sogar einige hinzugekauft über die Jahre, und stößt du nun 100 Anteile desselben ETFs ab, sagt die Behörde: Das sind 100 Anteile von den vor 25 Jahren gekauften 200. Die Differenz zwischen dem heutigen Verkaufs- und dem damaligen Kaufkurs ist die Bemessungsgrundlage für die zu zahlende Steuer.

Schritt 10

Literatur- und Website-Empfehlungen nutzen

Bist du die Schritte bis hier gegangen, ist es eigentlich nicht mehr notwendig, den zehnten zu vollziehen – denn du befindest dich ja bereits weit in der Verbrauchsphase. Ich gehe jedoch davon aus, dass du das Buch erst einmal ganz liest, um anschließend damit zu arbeiten. Für diesen Fall erlaube ich mir, dir Informationsquellen zu nennen, die mir persönlich stets geholfen haben und immer noch helfen. Ihnen wirst du in der Regel die Grundaussagen entnehmen können, deren praktische Relevanz du aus diesem Buch bereits kennst. Sie lohnen sich dennoch, weil du eine festere und breitere Wissensbasis für deine finanzielle Zukunft entwickelst. Es ehrt mich, wenn du dich für deine persönliche Vermögensbildung ausreichend beflügelt fühlst, aber ich nehme es nicht persönlich, wenn du lieber noch weitere Autoren anzapfst, um genügend Vertrauen aufzubauen. Ich würde es genauso machen. Du wirst dann feststellen, dass die einzelnen Experten sich in den Details nicht immer ganz einig sind und sie natürlich nichts dafür können, was ich aus ihren Ausführungen zusammengerührt habe. Vergiss darüber hinaus jedoch nicht: In den Grundaussagen besteht Konsens.

Natürlich können sich Sachlagen, insbesondere Erkenntnisse der unabhängigen Kapitalmarktforschung, ändern und Websites wie auch Bücher (in späterer Auflage) können ihren Charakter wechseln. Unter diesem Vorbehalt sind die Quellen und meine Ableitungen zu betrachten. Einige der Bücher werden alle paar Jahre aktualisiert, achte also darauf, die jeweils neueste Auflage zu lesen.

Finanzbücher für die Platzreife bei der Geldanlage

1. Gerd Kommer: Souverän investieren mit Indexfonds und ETFs

Geeignet für jeden, der eine fundierte Darstellung des passiven Investitionsansatzes sucht und verstehen will, warum er überlegen ist. Meines Erachtens das Beste, was es dazu auf dem Markt gibt. Wissenschaftlicher und gleichzeitig praxisbezogener ist niemand. Es gibt eine inhaltlich abgespeckte und trotzdem das Wesentliche behandelnde Anfänger-Version, die auch zusätzliche Infos enthält (Souverän investieren für Einsteiger).

Gerd Kommers Wortmeldungen stechen generell aus dem unablässigen Strom von Meinungen zur Geldanlage heraus, weil sie sich um wissenschaftlich fundierte, kühle Begründung jenseits eines diffusen Bauchgefühls bemühen. Das heißt: Hier muss der Leser vom Verstand Gebrauch machen. So trocken, wie in manchen Rezensionen dargestellt, ist das Buch aber nicht. Und niemals zuvor hat sich eine Buchlektüre für mich so ausgezahlt wie bei diesem Werk. In der ersten Auflage erschien das inzwischen äußerst prominente, ja zum Klassiker der passiven Geldanlage avancierte Buch im Jahr 2002, mir sind bisher keine Einsprüche seitens der unabhängigen Kapitalmarktforschung bekannt. Ich gehe davon aus, dass das längst passiert wäre, wenn es gravierende Fehler enthielte. Für den ambitionierten Leser gibt es ein umfangreiches Quellenverzeichnis, das unter Finanzbüchern seinesgleichen vergeblich sucht.

2. Hartmut Walz: Einfach genial entscheiden in Geld- und Finanzfragen

Die Basis für alle, die sich noch mit weit verbreiteten, schlechten Finanzprodukten (vor allem zur Altersvorsorge) herumschlagen, ob tatsächlich oder als Idee, weil sich das ja immer alles so toll anhört. Nach dem Buch des kämpferischen Betriebswirtschaftsprofessors mit Sprezzatura hört das auf.

3. Gerd Kommer: Kaufen oder mieten?

Ohne dieses Buch fehlen mit großer Wahrscheinlichkeit wesentliche Informationen, um souverän zu entscheiden, ob man eine Wohnimmobilie zur Selbstnutzung besser kaufen oder mieten sollte.

Weitere empfehlenswerte Finanzbücher

- Gerd Kommer: Immobilienfinanzierung für Selbstnutzer: Geld sparen und Fehler vermeiden beim Kauf der eigenen vier Wände

- Albert Warnecke: Der Finanzwesir

- Martin Weber u. a.: Die genial einfache Vermögensstrategie

- Michael Ritzau: Die große Fondslüge

Nützliche Websites

- **Onvista.de**

  Hier checke ich Börsenkurse. Ist aber Geschmackssache, es gibt viele gute Websites dafür.

- **JustETF.com**

  Ideal zur ETF-Suche, darüber hinaus viele weitere Funktionen

- **Trackingdifferences.com**

  Nützlich, um die Tracking Difference verschiedener ETFs zu vergleichen. Ersetzt aber nicht die Verifizierung der Daten auf den Websites der ETF-Anbieter bzw. in den offiziellen Informationen, die dort zum Download bereitstehen.

- **Zinsen-berechnen.de**

  Einfache Bedienung zur schnellen Berechnung diverser Renditen

- **Finanztip.de**

  Eine profunde, wohl weitgehend interessenkonfliktfreie Quelle zu einem breiten Spektrum an Finanzthemen. Nüchterne Ratgeber, sehr nah an der Praxis und häufig aktualisiert. Vergleichbar Verbraucherfreundliches gibt es auf dem deutschen Markt nicht. Die Videos auf YouTube sind ebenfalls hervorragend.

- **Finanzwesir.de**

  Albert Warnecke schreibt launig, unterhaltsam und meinungsstark. Sein Credo: Einfachheit. Trotzdem höchstes analytisches Niveau und eine sehr rege, kompetente Blog-Community. Der seltene Fall, dass sich die Lektüre von Online-Kommentaren wirklich lohnt.

- **YouTube-Kanal: Finanzfluss**

  Fundierte, unaufgeregte, sachliche Videos zu unterschiedlichen Themen rund um Geldanlage und Finanzen mit dazugehöriger Website.

- **Gerd-Kommer-Invest.de/Blog**

  Die etwa monatlichen Blogartikel von Kommer und seinem Team sind wie seine Bücher: Datensatt liefern sie substanzielle Hilfe und zertrümmern Investment-Mythen. Es gibt auch einen schönen YouTube-Kanal.

- **HartmutWalz.de**

  Prof. Dr. Hartmut Walz betreibt hier unter anderem einen feinen, verständlichen Blog mit immer nützlichen Informationen für den rationalen, eher vorsichtigen Anleger.

- **Fairvalue-Magazin.de**

  Ausführliche, nüchterne Analysen zu ETFs.

- **BuzzNews.de**

  Das ist meine eigene, gar nicht so regelmäßig befüllte Website. Schau doch mal vorbei!

  Wie hat dir das Buch gefallen? Schreibe es mir gerne. Wenn du der Meinung bist, dass es eine Empfehlung verdient hat, dann freue ich mich auch über eine Rezension in Online-Shops.

Epilog

Einen den Weltmarkt mit Aktien und Staatsanleihen kostengünstig passiv abbildenden Staatsfonds, mit einer sich an das Alter des Anlegers anpassenden Gewichtung zwischen risikoreich und risikoarm, in den man bequem automatisch 5 % vom Bruttoeinkommen einzahlt und dessen Anteile jederzeit verkauft werden können, aber ab dem 63. Lebensjahr oder ab 20 Jahren Anlagedauer bis zu einer hohen Grenze steuerfrei; die attraktive Besteuerung könnte schlicht für alle streng regulierten Publikumsfonds gelten, damit man sich sein Portfolio selbst zusammenstellen kann. Das wäre eine Idee für eine einfache und starke private Altersvorsorge in Deutschland mit richtigen Anreizen. Die private Altersvorsorge soll auf dem Fundament einer wirklich gerechten und guten gesetzlichen Rente stehen, von der allein jeder bereits in Würde leben kann. Das ist, so meine feste Überzeugung, selbstverständlich möglich und unbedingt nötig.

Der Staat bezahlt jedem Bürger außerdem zwei unabhängige Honorarberatungen: mit 25 und mit 60 Jahren. Die Kompetenz der Verbraucherzentralen wird massiv ausgebaut, um dazwischen die kleinen Finanzfragen für wenig Geld flächendeckend superkompetent klären zu können. Interessenkonfliktbehaftete „Finanzberatung" wird verboten und drakonisch bestraft, wenn sie bandenmäßig oder gar als organisiertes Verbrechen geschieht. Jeder Schüler wird mindestens zwei Jahre lang zwei Stunden pro Woche wissenschaftlich fundiert und unter Ausschluss der Finanzindustrie in Finanzthemen unterrichtet. Die Schüler müssen keine Prüfungen ablegen, sondern nur anwesend sein. Zum Abschluss schenkt man ihnen ein Merkheft mit den wichtigsten Infos. Ja, Print. Jeder Mensch begreift, dass er die Verantwortung für seine Finanzen nicht auf jemand anderen abschieben darf, auch nicht auf den Ehepartner. Eheleute bilden weitgehend eine ökonomische Einheit und sollten folglich in den großen finanziellen Fragen gemeinsam entscheiden. Niemandem ist zu raten, bei dem/der Angetrauten überbordende Fähigkeiten zu vermuten — die allermeisten Menschen verfügen, unabhängig von ihren Bildungsabschlüssen, Berufen und Erfolgen, über ein höchstens mittelmäßiges finanzielles Können, was sie jedoch nicht daran hindert, das Gegenteil zu behaupten und sogar zu glauben. Schade, dass es nicht überflüssig ist, dies zu erwähnen: Vermögensbildungskompetenz ist geschlechtsagnostisch. Falls du also Männer kennst, die denken, dass Geldanlage Frauensache ist und sie das sowieso nicht kapieren, dann verdeutliche ihnen, dass das nur das Ergebnis sexistischer Sozialisation ist. Männer können es lernen und sind dann genauso gut wie Frauen. Ein Wahlspruch der Aufklärung lautet ja nicht: Habe Mut, auf den nächstbesten Fünftelwisser mit notorisch überzogenem Selbstbewusstsein zu hören. Bei der Geldanlage ist der eigene Verstand gefordert. Das nehme ich auch für mich in Anspruch. Ob ich das Thema angemessen durchdrungen habe, kann ich nicht mit letzter Gewissheit sagen. Daher folge ich meinem Grundsatz: Gehe davon aus, dass du nicht alles weißt und weiterforschen solltest, du jedoch auch nie alles für eine perfekte Entscheidung wissen wirst und trotzdem entscheiden musst. In der Tat: Irgendwann müssen wir springen, auch wenn wir uns nicht ganz so sicher sind, wie wir es gerne wären.

Zum Schluss genehmige ich mir doch eine Prognose, deren Nichteintreffen zu wünschen ist: Diese eben umrissene Idealwelt kommt so schnell nicht. Ähnlich trübsinnig bin ich in Bezug auf den Anlegerschutz in Deutschland. Daher war es mein Ziel, dass du dich nach der Lektüre dieses Buches gewappnet fühlst, mit ETFs den Schritt an die Aktienbörse zu wagen. Dabei wünsche ich dir gutes Gelingen! Und denke beim nächsten Crash daran: Wir sitzen alle im selben Boot. Gemeinsam befahren wir Wellenberge und -täler. Zum Ende hin — aber eben wirklich erst dann — können wir hoffen, in einem schöneren und ruhigeren Hafen anzukommen als all jene, die eine ungünstige Route genommen haben oder nie gestartet sind.